中韩 格言谚语 辞典

林承文·林东桑 共编

 GASAN BOOKS

序

　格言은 평범한 사람의 입에서는 나오기 힘든 성현의 입에서 나온 보석과 같은 말이며 인생을 현명하게 살아가는데 도움을 주는 가르침, 훈계, 금언이요, 잠언이라고도 한다. 격언은 사리에 알맞게 본보기가 되는 묘하게 짜여진 짤막하고도 교훈이 될 만한 귀중하고 언제까지나 변하지 않는 말로서 정중하고 단정한 양가처녀에 비유된다.

　谚语(俗談, 俚諺)는 예로부터 민중들의 공감을 얻어 전해 내려오면서 널리 퍼진 것이며, 실생활에서 생겨난 소박하고 짧은 말이다. 속담은 보통 비유적으로 표현되어 있으므로 그 겉뜻뿐만 아니라 속뜻까지도 파악해야 한다. 속담이란 예로부터 말로 전해 내려오는 민간의 격언으로 교훈, 풍자, 유희 등의 뜻이 담긴 짧은 말인데, 주로 서민생활의 체험적인 지혜로부터 우러나온 것이 많으며 또한 고전에 포함된 격언이나 고사 등으로부터도 나왔다.

　속담은 우리 조상들이 수많은 세월을 두고 살아온 삶 속에서 터득한 경험과 지혜의 그릇이며, 오랜 세월동안 온갖 고난을 극복하고 용기와 웃음을 잃지 않고 슬기롭게 살아온 조상들의 지식적 유산이다.

속담은 토속적, 풍자적, 금언적인 말의 결정체로서 인류의 변천 역사와 함께 줄기차게 변화하며 물려받은 정신적 유산이다. 속담은 우리가 생각할 때 쉽게 흘려버릴 것같은 짧은 토막의 한마디 같지만, 그 말 속에 포함된 무궁무진한 철학적 진리는 천마디 만마디 미사여구와도 비할 바가 아니다.

우리가 일상생활에서 서로 말을 하면서 의사를 표현할 때 간결하고 순박하며 진실됨을 나타내는 데는 적당한 격언과 속담을 섞어 대화를 한다면 훨씬 아름답고 친절하게 느껴질 것이다. 상대를 제압하거나 거드름피우며 남의 허물을 들추어내고 마구 욕질하고 놀려대려는 것과는 그 성질이 판이하다.

중국어를 공부하는 우리 학생들은 더욱 멋있는 중국어를 구사하기 위하여 품위 있는 언어 즉, 격언(格言)과 언어(諺語)를 많이 숙지하여 일상생활에 당당하게 임해주길 간곡히 부탁드린다. 또한 이 책에서는 격언과 속담뿐만이 아니라 많은 성어(成語)를 수록하였으므로 참고하기 바란다.

編著者

凡 例

1. 표제어는 현대 중국어 简体字로 표기하였다.

2. 표제어는 汉语拼音字母로 표기하였다.

3. 표제어의 배열순서는 한어병음 방안의 자모순 성조순으로 배열하였다.

4. 해당 표제어가 여러 가지의 의미로 사용되는 경우에는 ① ② ③으로 표시하였다.

附 录

1. 干支表

2. 二十四节气表

3. 省, 自治区，直辖市, 特别行政区, 略称表

4. 月의 別称

5. 季节의 別称

A

[挨金似金，挨玉似玉] āi jīn sì jīn, āi yù sì yù
금을 가까이 하면 금과 같아지고, 옥을 가까이 하면 옥과 같아
진다.(사람의 환경에 따라 변해가는 것을 비유함.)

[挨着馋的没有攒的] āi zhe chán de mé yǒu zǎn de
걸신 든 사람을 가까이 하면 돈이 남지 않는다.

[挨着大树有柴烧] āi zhe dà shù yǒu chái shāo
큰나무 곁에 살면 땔나무 걱정 안한다. 기댈 바에야 큰 나무 그
늘. 같은 값이면 다홍치마.(大树底下有柴烧) (大树底下好寻凉)
(挨着大树好乘凉) (大树底下好遮风)

[挨着勤的没有懒的] āi zhe qín de méi yǒu lǎn de
부지런한 사람 옆에 게으른 사람 없다.

[矮子看戏] ǎi zi kàn xì
① 스스로 아무 것도 모르는 주제에 다른 사람을 따라서 부화
뇌동(附和雷同)하다. ② 견문(식견)이 좁다.

[矮子里头拔将军] ǎi zi lǐ tōu bá jiāng jūn
난쟁이 중에서도 장군이 나온다. 개천에서 용 난다.

[爱戴高帽子] ài dài gāo mào zi
① 남이 추켜세워 주는 것을 좋아하다. ② 뽐내기를 좋아하다.

으스대다.

[爱屋及乌] ài wū jí wū

사람을 사랑하여 그 집 지붕의 까마귀까지 좋아하다. 아내가 귀
여우면 처갓집 말뚝에다 대고 절을 한다.(爱树) (屋乌之爱) (情
人眼里出西施)

[安步当车] ān bù dàng chē

차를 타는 대신 천천히 걸어가다.

[安分守己] ān fēn shǒu jǐ

분수에 만족하여 본분을 지키다.

[安眉带眼] ān méi dài yǎn

눈썹도 눈도 다 있다. 사람의 꼴만은 갖추고 있다.(착실한 사람
을 비유하여 조롱하는 말.)

[安贫乐道] ān pín lè dào

안빈낙도.

[按图索骥] àn tú suǒ jì

그림에 따라 준마를 찾다. ① 자료 또는 단서에 의거하여 찾다.
② 융통성이 없이 기계적으로 일을 처리하다.

[按着葫芦抠子儿] àn zhe hú lu kōu zǐr

조롱박을 꼭 쥐고 씨를 파내다. ① 어떻게 해서라도 목적을 달
성하다. ② 오로지 한 가지 일에 열중하다.

[按着葫芦瓢起来] àn zhe hú lu piáo qǐ lái

조롱박을 누르니 바가지가 뜬다. ① 이쪽을 진정시키니 저쪽이
일어난다. ② 어느 쪽으로 하던 차이가 없다.

[暗场下] àn chǎng xià

꽁무니를 빼다.

[暗箭伤人] àn jiàn shāng rén

　　남몰래 사람을 중상모략하다.

[八岸没向] bā àn méi xiàng
무엇하나 잘하는 것이 없다.

[八百里加紧] bā bǎi lǐ jiā jǐn
발등에 불이 떨어지다. 몹시 급하다.

[八大碗八小碗] bā dà wǎn bā xiǎo wǎn
성대한 연회.

[八竿子打不着] bā gān zǐ dǎ bù zháo
사실과 전혀 다르다. 동떨어져 상관이 없다.

[八花九裂] bā huā jiǔ liè
사분오열(四分五裂)이 되다. 틈이 많이 생기다. 사건이 분규하는 모양.

[八十不骂] bā shí bù mà
팔십 세의 노인은 욕하지 않는다.(노인 대접을 한다는 뜻)

[八仙过海, 各显其能] bā xiān guò hǎi, gè xiǎn qí néng
제각기 자기 솜씨를 보이다.(八仙过海)

[八月打雷遍地是贼] bā yùe dǎ léi biàn dì shì zéi
팔월에 천둥 치면 흉조다.

[八子七婿] bā zǐ qī xù

자녀가 많은 것을 축복하는 말

[拔茅连茹] bá máo lián rú

띠를 하나 뽑으면 다른 뿌리들도 곁들여 뽑혀 나온다. 한사람의 뛰어난 사람을 발탁하면 많은 사람들이 그를 뒤따른다.

[拔帜易帜] bá zhì yì zhì

적의 기를 뽑고, 자기의 기를 꽂다. 전쟁에서 승리하다. 대체하다. 대신하다.

[拔足而逃] bá zú ér táo

재빨리 도망치다. 달아나다.

[白板天子] bái bǎn tiān zǐ

자리만 차지하고 있는 무능한 사람.

[白刀子进去红刀子出来] bái dāo zǐ jìn qù hóng dāo zǐ chū lái

흰 칼이 들어갔다 붉은 칼이 나온다. ① 죽이다. ② 죽어도 해보다. 목숨을 걸고 해보다.

[白酒红人面, 黄金黑世心] bái jiǔ hóng rén miàn, huáng jīn hēi shì xīn

술은 사람의 얼굴을 붉게 하고, 황금은 사람의 마음을 검게 한다.

[白猫黑猫论] bái māo hēi māo lùn

흰 고양이든 검은 고양이든 쥐만 잡으면 좋은 고양이라는 사고 방식을 가리킴. 중화인민공화국이 심각한 경제적 곤란에 직면 했던 1962년 당시 등소평이 제시한 주장. 즉, 증산을 위해서라 면 농가의 단독 경영도 허락한다는 말.

[白眼儿狼] bái yǎnr láng

배은망덕한 놈. 양심이 없는 놈.

11

[白云苍狗] bái yún cāng gǒu

하늘의 흰 구름이 순식간에 회색 개로 변해버리다. 변화무상하다.

[白纸黑字] bái zhǐ hēi zì

백지에 검은 글자를 쓰다. ① 기정사실이다. ② 확실한 증거(白纸落黑道儿)

[白字老先生] bái zì lǎo xiān shēng

글자를 곧잘 틀리게 쓰는 사람. 교육받지 않은 사람.

[百足之虫, 死而不僵] bǎi zú zhī chōng, sǐ ér bù jiāng

지네는 죽어도 굳어지지 않는다. 권세가 있던 사람이나 집안은 몰락하여도 여전히 실력이나 영향력이 남아 있다.

[班门弄斧] bān mén nòng fǔ

반수(班输)의 문전에서 함부로 도끼질 하다. 공자 앞에서 문자를 쓰다.(对佛说法)

[搬起石头打自己的脚] bān qǐ shí tou dǎ zì jǐ de jiǎo

제 발등을 제가 찍다.(搬砖砸脚)

[坂上走丸] bǎn shàng zǒu wán

비탈에서 공을 굴리다. 기회를 타다. 형세가 급전하다.

[板里没土, 打不起墙] bǎn lǐ méi tǔ, dǎ bù qǐ qiáng

판자 사이에도 흙이 없이는 바람벽을 쌓을 수 없다. 겉은 볼만해도 내용이 없다. 빛 좋은 개살구.

[板上钉钉] bǎn shàng dìng dìng

일이 이미 결정되어 변경할 수 없다. 확고부동하다.

[板执不通] bǎn zhí bù tōng

완미(顽迷)하다. 고집불통이다.

[半斤八两] bàn jīn bā liǎng

피차일반. 피장파장.

[半斤四两] bàn jīn sì liǎng

부족하다. 모자라다.

[半瓶(子)醋] bàn píng (zī) cù

얼치기. 어설프다.(半通不通 bàn tōng bù tōng)

[包葫芦头(儿)] bāo hú lu tóu

몽땅 떠맡다.(많은 사람들로부터 돈을 모으는 경우. 부족액을 한사람이 부담한다는 것을 말함)

[包老爷的儿子] bāo lǎo yè de ér zǐ

도리깨아들. 불효자식.

[宝山空回] bǎo shān kōng huí

보물 산에 갔다가 빈손으로 오다. 절호의 기회를 놓치다.

[饱肚不知饿肚饥] bǎo dù bù zhī è dù jī

제 배가 부르면 종 배고픈 줄 모른다.

[饱以老拳] bǎo yǐ lǎo quán

실컷 주먹을 먹이다. 실컷 때려주다.

[报苦穷儿] bào kǔ qióngr

부자가 일부러 가난한 사람처럼 곤궁함을 호소하다.

[抱残守缺] bào cán shǒu quē

옛 것을 좋아하다. 보수적이어서 혁신을 원하지 않는다.

[抱粗腿] bào cū tuǐ

굵은 다리를 꼭 붙잡다. 재산이나 권세가 있는 사람에게 아첨하다.

[抱佛脚] bào fó jiǎo

　　급하면 부처님 다리를 안는다.

[抱痛西河] bào tòng xī hé

　　자식을 잃고 슬퍼하다.

[抱头鼠窜] bào tóu shǔ cuàn

　　매우 낭패하여 급히 도망치다.

[抱薪救火] bào xīn jiù huǒ

　　장작을 안고 불을 끄다.(负薪救火) (救火以薪)

[抱着不哭的孩儿] bào zhe bù kū de háir

　　울지 않는 애기를 안다. 사정을 모르니까 그럴듯한 소리를
　　하다.

[豹死留皮, 人死留名] bào sǐ liú pí, rén sǐ liú míng

　　호랑이는 죽어서 가죽을 남기고 사람은 죽어서 이름을 남긴다.

[暴发户儿] bào fā hùr

　　벼락부자

[暴虎冯河] bào hǔ píng hé

　　범을 맨손으로 때려잡고 황하를 도보로 건너다. 혈기에 찬 용기
　　에 홀려 무모한 모험을 감히 하려하다.

[暴腮龙门] bào sāi lóng mén

　　시험에 낙제하다. 몹시 지치다.

[暴殄天物] bào tiǎn tiān wù

　　물건을 아낄 줄 모르고 함부로 쓰다.

[爆出冷门] bào chū lěng mén

　　뜻밖의 결과가 나타나다. 这次的冠军可能 … 이번의 우승자가

예상 밖일 수도 있다.

[杯水车薪] bēi shuǐ chē xīn

한 잔의 물을 한 달구지의 장작불에 끼얹는다. 계란으로 바위 치기.

[背黑锅] bēi hēi guō

남의 죄를 뒤집어쓰다. 누명을 쓰다.

[背着扛着一般大] bēi zhe káng zhe yī bān dà

등에 지거나 어깨에 메거나 크기는 같다. 어찌하든 책임을 면할 수 없다.

[北窗三友] běi chuāng sān yǒu

북창삼우. 거문고, 시(诗), 주(酒)를 말함.

[被底鸳鸯] bèi dǐ yuān yāng

이불 속의 원앙새. 한 이불 속의 남녀. 부부.

[被窝儿里放屁] bèi wōr lǐ fàng pì

이불 속에서 방귀를 뀌다. 남에게 영향을 주지 않는 일.

[奔车之上无仲尼, 覆车之下无伯夷] bēn chē zhī shàng wú zhōng ní, fù chē zh xià wú bó yí

바쁠 때에는 학문을 할 수 없고, 위태로울 때에는 의리가 통하지 않는다.

[屄, 谁屄疼, 谁心疼] bī, shuí bī téng, shuí xīn téng

제가 낳은 자식은 귀엽다.

[鼻歪意不端] bí wāi yì bù duān

콧대가 삐뚤어진 사람은 생각도 삐뚤어져 있다.(眼斜心不正)

[比鸡骂狗] bǐ jī mà gǒu

닭을 빗대어 개를 욕하다. 빗대어 욕하다.

[比武招亲] bǐ wǔ zhāo qīn
무예를 겨루어 데릴사위를 삼다.

[彼竭我盈] bǐ jié wǒ yíng
상대는 힘이 다하고 이쪽은 여유작작하다.

[笔底生花] bǐ dǐ shēng huā
붓 끝에 꽃이 피다. 문장이 아름답다.(笔走龙蛇) (笔生花)

[闭门天子] bì mén tiān zi
권력이 문밖에 미치지 않는 천자

[蔽月羞花] bì yuè xiū huā
여자의 자태가 달도 숨고 꽃도 부끄러워할 정도로 아름답다.
(蔽花羞月)

[避獐逢虎] bì zhāng féng hǔ
노루를 피하다가 범을 만나다

[扁担是一条龙，一生吃不穷] biǎn dan shì yì tiáo lóng, yì
shēng chī bù qióng
멜대는 용과 같이 큰 힘을 갖고 있는 것으로서 이것만 있으면
일생동안 먹을 것은 걱정이 없다.

[鞭长不及马腹] biān cháng bù jí mǎ fù
채찍은 길더라도 말의 배에는 미치지 않는다.(鞭长莫及)

[冰冻三尺，非一日之寒] bīng dòng sān chǐ, fēi yī rì zhī hán
얼음이 석자나 언 것은 하루 추위에 다 언 것이 아니다. 하루
이틀 사이에 된(이루어진) 것이 아니다.

[冰清玉洁] bīng qīng yù jié

얼음처럼 맑고 옥처럼 결백하다. 인격(인품)이 고결하다.

[兵贵精不贵多] bīng guì jīng bú guì duō
군대는 양보다 질을 귀하게 여긴다.

[兵来将挡, 水来土掩] bīng lái jiàng dǎng, shuǐ lái tǔ yǎn
병사가 공격해 오면 장군이 막고, 물이 밀려오면 흙으로 막다.

[兵无常势] bīng wú cháng shì
전황은 항시 변하는 것이다. 전쟁에는 정해진 전황이 없다.

[伯仲叔季] bó zhòng shū jì
형제장유(兄弟长幼)의 차례.

[薄薄酒, 胜茶汤] bó bó jiǔ, shèng chá tāng
맹물 같은 술도 찻물보다 낫다. 박주 한잔이 차보다 낫다.

[薄唇轻言] bó chún qīng yán
말이 많고 입이 가볍다.

[跛鳖千里] bǒ biē qiān lǐ
절름발이 자라가 천리나 간다. 낙숫물이 댓돌을 뚫는다.

[捕风捉影] bǔ fēng zhuō yǐng
바람이나 그림자를 잡다. 허망한 일. 또한 말이나 일이 진실한 근거가 없는 것을 가리킴.

[不辨菽麦] bù biàn shū mài
콩과 보리의 구별도 하지 못한다. 우매하여 아무것도 모른다.

[不逞之徒] bù chěng zhī tú
분별없이 멋대로 행동하는 무리. 못된 놈.

[不吃苦中苦, 难得甜上甜] bù chī kǔ zhōng kǔ, nán dé tián shàng tián

혹심한 괴로움을 겪지 않으면 즐거움의 극치를 얻을 수 없다.

[不痴不聋不为姑翁] bù chī bù lóng bù wéi gū wēng
때로는 모르는 척 못들은 척 하지 않고는 시아버지 시어머니 구실을 못한다.

[不耻下问] bù chǐ xià wèn
아랫사람에게 물어 보는 것을 부끄럽게 생각하지 않다.

[不打不成相识] bù dǎ bù chéng xiāng shí
싸움 끝에 정이 든다.

[不到长城非好汉] bù dào cháng chéng fēi hǎo hàn
만리장성에 이르지 못하면 호한이 아니다.(毛泽东의 盘山词에서)

[不到西天不见佛] bù dào xī tiān bù jiàn fó
서천으로 가지 않으면 부처를 못 본다.

[不懂装懂永世饭桶] bù dǒng zhuāng dǒng yǒng shì fàn tǒng
모르면서 아는 척하면 영원한 밥통이다.

[不费之惠] bú fèi zhī huì
돈이 들지 않고 받는 사람에게는 도움이 되는 은혜. 손쉽게 베풀 수 있는 은혜.

[不分皂白] bù fēn zào bái
흑백을 구별하지 않다. 시비곡직(是非曲直)을 구별하지 않다.

[不分主从] bù fēn zhǔ cóng
주인과 종자(从者). 높고 낮은 구별이 없다.

[不干不净吃了, 没病] bù gān bù jìng chī le, méi bìng
아무렇게나 먹으면 병이 없다.

[不寒而栗] bù hán ér lì
　춥지 않은 데도 떨다. 대단히 두려워하다.

[不见兔子不撒鹰] bù jiàn tù zī bù sā yīng
　토끼를 보지 않으면 매를 풀어 놓지 않는다.

[不紧不慢] bù jǐn bù màn
　허둥거리지 않고 여유가 있다.

[不经风雨, 不见世面] bù jīng fēng yǔ, bù jiàn shì miàn
　세상풍파를 격지 않으면 세상물정을 모른다.

[不看僧面看佛面] bù kàn sēng miàn kàn fó miàn
　스님 체면은 세워주지 않더라도 부처님 체면은 세워주라.

[不可救药] bù kě jiù yào
　구할 도리가 없다.

[不劳动者不得食] bù láo dòng zhě bù dé shí
　일하지 않는 자는 먹지 말라.

[不立文字] bù lì wén zì
　오도(悟道)는 문자나 말로서 전하는 것이 아니라 마음에서
　마음으로 전한다는 뜻.

[不留一手] bù liú yī shǒu
　全力投球하다.

[不毛之地] bù máo zhī dì
　不毛地. 척박한 땅

[不名一文] bù míng yī wén
　가난하여 한푼도 없다. 무일푼이다.(不名一钱) (一钱不名) (一
　文不名)

19

[不怕官, 只怕管] bù pà guān, zhǐ pà guǎn
　　벼슬이 무서운 것이 아니라 그 권력이 무섭다.

[不怕慢, 只怕站] bù pà màn, zhǐ pà zhàn
　　느린 것은 두려워하지 말고 중도에서 그만두는 것은 두려워
　　하라.

[不偏不袒] bù piān bù tǎn
　　편애하지 않다. 공평하다.

[不屈不挠] bù qū bù náo
　　불요불굴하다.

[不取分文] bù qǔ fēn wén
　　한푼도 받지 않음.

[不染纤尘] bù rǎn xiān chén
　　조금도 속세의 티 끝에 물들지 않다.

[不上不下] bú shàng bú xià
　　이러지도 저러지도 못하다. 빼도 박도 못하다

[不上高山不显平地] bù shàng gāo shān bù xiǎn píng dì
　　높은 산에 오르지 않으면 평지가 보이지 않는다.

[不识一丁] bù shí yī dīng
　　낫 놓고 기역자도 모른다.(不识丁) (目不识丁) (不识之无)

[不受苦中苦难为人上人] bù shòu kǔ zhōng kǔ nán wéi rén
shàng rén
　　모진 고생을 겪지 않으면 큰 사람이 될 수 없다. 역경은 사람을
　　현명하게　만든다.

[不贪便宜不上当] bù tān pián yi bù shàng dàng

공짜를 탐내지 않으면 손해보지 않는다.

[不听老人言, 饥荒在眼前] bù tīng lǎo rén yán, jī huāng zài yǎn qián

늙은이의 말을 듣지 않으면 곧잘 곤란을 당하는 법이다.

[不忘沟壑] bù wàng gōu hè

입신출세(立身出世)한 후에도 옛 처지를 잊지 않다. 근본을 잊지 않다.

[不闻不问] bù wén bù wèn

지기일 이외의 일에는 일절 간섭하지 않는다.

[不言之教] bù yán zhī jiào

무언의 가르침.

[不知鹿死谁手] bù zhī lù sǐ shéi shǒu

사슴이 누구의 손에 잡힐 것인지 알지 못하다.

[不知死活] bù zhī sǐ huó

죽을지 살지 모르다.

[不做亏心事不怕鬼叫门] bù zuò kuī xīn shì bù pà guǐ jiào mén

양심에 거리끼는 일을 하지 않으면 귀신이 문을 열어라 해도 두려워하지 않는다.

[布鼓雷门] bù gǔ léi mén

공자 앞에서 문자 쓴다. 布鼓母过雷门의 준말.

C

[才高八斗] cái gāo bā dǒu
재능이 풍부하다. 재능이 비범하다.(才储八斗) (八斗之才).

[财临旺地] cái lín wàng dì
돈은 번창하는 곳에 모인다.

[财能通神] cái néng tōng shén
돈만 있으면 귀신도 부릴 수 있다.(钱能通神) (钱可通神) (钱可使鬼)

[财是英雄胆, 衣是震人毛] cái shì yīng xióng dǎn, yī shì zhèn rén máo
재산은 사람의 담력을 크게 하고 옷은 사람을 두렵게 한다.

[采长补短] cǎi cháng bǔ duǎn
장점을 취하여 단점을 보완하다.

[彩衣娱亲] cǎi yī yú qīn
색동옷을 입고 어버이를 기쁘게 해드리다. 부모에게 효도를 다하다.

[餐风饮露] cān fēng yǐn lù
풍찬노숙하다.(风餐露宿) (餐风宿露) (吸风饮露)

[沧海桑田] cāng hǎi sāng tián

창해가 변하여 뽕나무밭이 되다.(桑田碧海)

[**差之毫厘，谬以千里**] chā zhī háo lí, miù yǐ qiān lǐ
털끝만큼의 실수가 매우 큰 잘못을 초래하다.(差以毫厘, 失之
千里)

[**茶来伸手饭来张口**] chá lái shēn shǒu fàn lái zhāng kǒu
손가락 하나 움직이지 않고 놀고먹다.

[**察见渊鱼**] chá jiàn yuān yú
연못 속의 고기를 조사하다. 쓸모없는 것을 야단스럽게 추구
하다.

[**察貌辨色**] chá mào biàn sè
상대방의 안색을 보고 판단하다.

[**差进差出**] chà jìn chà chū
부정하게 얻은 재물은 오래가지 못한다.

[**拆白道绿**] chāi bái dào lù
흰 것을 초록이라 한다. 궤변을 늘어놓다.

[**拆东墙补西墙**] chāi dōng qiáng bǔ xī qiáng
동쪽 벽을 헐어서 서쪽 벽을 보수하다. 아랫돌 빼서 웃돌 괴다.
하석상대.

[**柴米夫妻**] chái mǐ fū qī
옛날 생계를 유지하기 위하여 결합된 부부

[**豺狼当道，安问狐狸**] chái láng dāng dào, ān wèn hú lí
사납고 탐욕스런 자가 세도를 부리는데, 어찌 여우와 살쾡이
따위를 문제시하겠는가.

[**蝉腹龟肠**] chán fù guī cháng

매미는 이슬을 먹고 거북이는 물을 먹는다. 매미 배와 같고
거북이 창자와 같다. 굶주리다

[馋涎欲滴] chán xián yù dī
군침이 돌다. 갈망하다.

[昌尽必殃] chāng jìn bì yāng
행운 뒤에는 반드시 불행이 온다.

[长袖善舞，多财善贾] cháng xiù shàn wǔ, duō cái shàn gǔ
소매가 길면 춤을 잘 추고 돈이 많으면 장사를 잘 한다. 밑천이
많으면 일하기 쉽다.

[肠肥脑满] cháng féi nǎo mǎn
똥항아리. 살만 피둥피둥 찌고 무식하다.

[尝鼎一脔] cháng dǐng yī luán
솥 안의 고기를 한 점 맛보면 온 솥 안의 고기 맛을 알 수 있다.
한 가지를 보면 열 가지를 알 수 있다

[常备不懈] cháng bèi bù xiè
언제나 준비를 게을리 하지 않고 있다.

[唱筹量沙] chàng chóu liáng shā
없으면서도 많이 있는 척하다.

[车拦头辆] chē lán tóu liàng
차를 막으려면 맨 앞차를 막아야 한다. (어떠한 풍조, 기세 따위
를 막으려면) 싹부터 없애야 한다.

[撤水拿鱼] chè shuǐ ná yú
물을 빼고 고기를 잡다. 누워서 떡먹기. 땅 집고 헤엄치기. 식은
죽 먹기.

[**嗔拳不打笑面**] chēn quán bù dǎ xiào miàn
성난 주먹도 웃는 얼굴을 때리지는 못한다. 웃는 낯에 침
뱉으랴.

[**趁风扬帆**] chèn fēng yáng fān
바람 부는 때를 보아서 돛을 올린다. 기회를 봐서 일을 하다.

[**趁火打劫**] chèn huǒ dǎ jié
남의 집에 불이 난 틈을 타서 도둑질하다.

[**趁火补漏锅**] chèn huǒ bǔ lòu guō
불이 붙고 있는 동안에 새는 내 비를 고치다. 기회를 잘 이용
하다.

[**趁热打铁**] chèn rè dǎ tiě
쇠는 단김에 두들겨야 한다. 쇠뿔은 단김에 뺀다.

[**趁水和泥**] chèn shuǐ huó ní
물이 있는 것을 이용해서 진흙을 이기다. 기회를 포착해서 일을
추진하다.

[**趁水行船**] chèn shuǐ xíng chuán
흐름에 따라서 배를 나아가게 하다.

[**称孤道寡**] chēng gū dào guǎ
스스로 왕이라고 일컫다. 독판치다. 세도 부리다.

[**称王称霸**] chēng wáng chēng bà
세상에 자기밖에 없는 체하다. 독판치다.(称王道霸)

[**称薪而爨**] chēng xīn ér cuàn
사소한 일에 정신을 기울인 나머지 큰일을 이루지 못하다. 생활
이 곤궁하다. 좀스럽다.

[成人不自在] chéng rén bù zì zài
　성인은 스스로 되는 것이 아니다.(…, 自在不成人)

[成事不足, 败事有余] chéng shì bù zú, bài shì yǒu yú
　일을 성공시키지는 못하고 오히려 망치다.

[诚可格天] chéng kě gé tiān
　지성이면 감천이다.

[城门失火, 殃及池鱼] chéng méu shī huǒ, yāng jí chí yú
　성문에 불이 나면 못에 물을 퍼서 쓰게 되어, 재앙이 고기에
　까지 미친다. 까닭 없이 연루되어 손해를 입다.

[程门立雪] chéng mén lì xuě
　스승을 공경하며 가르침을 받다.(기다리다)

[乘风破浪] chéng fēng pò làng
　어려움을 무릅쓰고 용감하게 나아가다.

[乘风转舵] chéng fēng zhuǎn duò
　기회를 타서 행동하다. 눈치를 보아가며 행동하다.

[惩羹吹齑] chéng gēng chuī jī
　뜨거운 국물에 덴 사람은 냉채(冷菜)도 불어서 먹는다. 자라 보
　고 놀란 가슴 솥뚜껑 보고 놀란다.

[秤不离砣] chèng bù lí tuó
　저울대와 저울추는 떨어질 수 없다. 바늘 가는데 실 간다,

[秤锤儿虽小, 能压千斤] chèng chuír suī xiǎo, néng yā qiān
jīn
　저울추는 작아도 천근을 단다. 작은 고추가 더 맵다.(年纪小, 怕
什么)

[吃葱吃蒜不吃姜] chī cōng chī suàn bù chī jiāng

속임수에는 넘어가도 추어주는 데는 넘어가지 않는다.(吃姜不吃蒜)

[吃得老学得老] chī dé lǎo xué dé lǎo

아무리 나이를 많이 먹어도 배울 것은 얼마든지 많다.

[吃饭不饱, 喝酒不醉] chī fàn bù bǎo, hē jiǔ bù zuì

밥을 먹어도 배부르지 않고 술을 마셔도 취하지 않다. 돈이 몇 푼 되지 않다.

[吃饭防噎] chī fàn fáng yē

밥을 먹으면서도 목멜까봐 걱정한다. 일을 하는데 대단히 신중을 기하다.

[吃喝拉撒睡] chī hē lā sā shuì

먹고 싸고 잠자다. 하루 종일 아무것도 하지 않다.

[吃里爬外] chī lǐ pá wài

어느 한쪽으로부터 이익을 받으면서 몰래 다른 편을 위해 힘쓰다. 길러준데 배반하여 외부와 내통하다

[吃人的嘴软, 拿人的手短] chī rén de zuǐ ruǎn, ná rén de shǒu duǎn

남의 신세를 지면 말을 하거나 일을 고수하기 어렵다.(吃了人家的嘴短, 拿了人家的手软)

[吃软不吃硬] chī ruǎn bù chī yìng

부드럽게 나오면 받아들이나, 강하게 나오면 반발하다.(吃顺不吃抢)

[吃三天饱, 就忘挨饿] chī sān tiān bǎo, jiù wàng ái è

삼일만 배부르면 전에 배고팠던 것을 잊어버리다.

[吃烧饼赔唾沫] chī shāo bǐng péi tuò mò
구운 떡을 먹는데도 침을 소비해야 한다. 무엇을 하더라도 거저
되는 일은 없다.

[吃谁饭服谁管] chī shuí fàn fú shuí guǎn
남의 밥을 먹으면 그 지배를 받게 된다.

[吃谁恨谁] chī shuí hèn shuí
은혜를 원수로 갚다. 배은망덕하다.

[吃谁向谁] chī shuí xiàng shuí
은혜를 잊지 않다.

[吃铁丝屙笊篱] chī tiě sī ē zhào li
철사를 삼키고 조리를 만들어 뺄다. 말을 이리저리 엮어내다.

[吃铁吐火] chī tiě tǔ huǒ
쇠를 먹고 불을 토하다. 무엇이든지 두려움 없이 용감히 하다.

[吃稀的拿干的] chī xī de ná gān de
밥도 얻어먹고 돈까지 받다.

[吃小亏占大便宜] chī xiǎo kuī zhàn dà pián yi
작은 손해를 보고 큰 이득을 얻다.

[吃哑巴亏] chī yǎ ba kuī
손해를 보고서도 뭐라고 말을 못하다. 하소연할 데가 없다.

[吃一顿挨一顿] chī yī dùn ái yī dùn
한 끼를 먹고는 한 끼를 굶다. 굶다시피 하다.

[吃一堑长一智] chī yī qiàn zhǎng yī zhì
한 번 좌절을 당하면(실패하면) 그만큼 현명해진다.(吃一次亏,
学一次乖)

[吃硬不吃软] chī yìng bù chī ruǎn

강하게 나오면 말을 듣지만 부드럽게 나오면 말을 듣지 않는다.

[吃着对门谢隔壁] chī zhe duì mén xiè gé bì

앞집에서 얻어먹고 옆집에 가서 고맙다고 하다. 엉뚱한 짓을 하다.

[吃着碗里, 瞧着锅里] chī zhe wǎn lǐ, qiáo zhe guō lǐ

공기밥 먹으면서 솥 안을 보다. 사람의 욕심이란 한이 없다. 성이 차지 않다.

[痴人痴福] chī rén chī fú

미련한 자가 두터운 복을 얻는 것.

[池鱼之殃] chí yú zhī yāng

뜻밖의 횡액.

[尺短寸长] chǐ guǎn cùn cháng

사람은 저마다 장단점이 있다.(尺有所短, 寸有所长)

[尺幅千里] chǐ fú qiān lǐ

한자 길이의 화면에 천리나 되는 경치를 그려 넣다.

[齿敝舌存] chǐ bì shé cún

강한 것은 쉽게 망하고 유연한 것은 오래 존속된다.(齿亡舌存)

[出将入相] chū jiàng rù xiàng

나가면 장수이고 들어오면 재상. 문무를 겸비한 인재.

[础润知雨] chǔ rùn zhī yǔ

주춧돌이 물기에 젖어 축축해진 것을 보고 비가 올 것을 알다. (础润而雨)

[触类旁通] chù lèi páng tōng
하나를 보고 열을 알다.

[触目伤心] chù mù shāng xīn
보기만 해도 몸서리치다.(触目惊心) (怵目惊心)

[穿壁引光] chuān bì yǐn guāng
벽에 구멍을 뚫어 이웃집의 불빛을 빌다. 가난하나 학문에 힘쓰
다.(凿壁偷光)

[穿青衣抱黑柱] chuān qīng yī bào hēi zhù
검은 기둥을 안다. 처지가 비슷하다. 입장이 같다.

[传子不传女] chuán zǐ bù chuán nǚ
가전(家传)의 기술을 아들에게는 전수하지만 딸에게는 전수하
지 않는다.

[船到江心补漏迟] chuán dào jiāng xīn bǔ lòu chí
배가 강 복판에 가서야 물이 새는 구멍을 막으려 하니 때가 늦
었다. 호랑이 보고 창구멍 막기

[船驾不住风] chuán jià bù zhù fēng
배는 바람을 당할 수 없다. 힘 앞에서 굴복하다.

[船破有底] chuán pò yǒu dǐ
배가 파괴되어도 아직 배 밑바닥이 남아 있다. 썩어도 준치.

[船破又遇顶头风] chuán pò yòu yù dǐng tóu fēng
배가 파손된 데다 역풍까지 만나다. 설상가상. 엎친데 덮친다.

[船中老鼠, 舱内觅食] chuán zhōng lǎo shǔ, cāng nèi mì shí
배안의 쥐는 선창 안에서 먹이를 찾는다. 송충이는 솔잎을 먹어
야 한다.

[床底下放风筝] chuáng dǐ xià fàng fēng zhēng

　　침대 밑에서 연 띄우기. 아무리 높이려고 하여도 한계가 있다.

[床上安床] chuáng shàng ān chuáng

　　침대 위에 침대를 쌓아 올린다. 무의미한 일을 거듭하다.

[吹毛求庇] chuī máo qiú cī

　　털을 불어 헤쳐서 결점을 찾다. 생트집 잡다.

[炊骨易子] chuī gǔ yì zǐ

　　해골을 삶아 먹고 자식을 바꾸어 먹다.(기근의 참상을 형용)

[炊沙做饭] chuī shā zuò fàn

　　헛수고 하다.

[春蚓秋蛇] chún yǐn qiū shé

　　봄철의 지렁이와 가을날의 뱀. 글씨가 고루지 못하고 꼬불꼬불
　　뒤틀려 있는 글씨. 악필.

[唇枪舌剑] chún qiāng shé jiàn

　　변론이 격렬하고 말이 날카롭다.

[唇亡齿寒] chǔn wáng chǐ hán

　　입술이 없으면 이가 시리다.(상호 이해가 같은 밀접한 관계를
　　말함.)

[啜菽饮水] chùo shū yǐn shuí

　　콩죽을 먹고 물을 마시다. 매우 가난한 생활을 하다. 부모에게
　　효도를 다하다.

[雌鸡报晓] cí jī bào xiǎo

　　암탉이 새벽을 알리다. 부인이 전권을 가지다.(牝鸡司晨)

[慈不掌兵] cí bù jiǎng bīng

자비심이 없는 사람은 병사를 통솔할 수 없다.

[此地无朱砂, 红土子为贵] cǐ dì wú zhū shā, hóng tǔ zi wéi guì
이 고장은 주사가 나지 않으므로 적토도 귀중하게 여겨진다. 없으면 귀한 법이다.

[此伏彼起] cǐ fú bǐ qǐ
한쪽이 조용하면 다른 쪽이 들고 일어나다. 여기저기서 일어나다.

[此呼彼诺] cǐ hū bǐ nuò
이쪽에서 부르면 저쪽에서 대답하다. 서로 호응하다.

[此拿彼窜] cǐ ná bǐ cuàn
이쪽을 붙잡으면 저쪽이 도망친다.

[从井救人] cóng jǐng jiù rén
우물에 빠진 사람을 구하려고 우물에 뛰어 들다. 제 몸도 상하고 남에게도 이익이 되지 않다.

[从善如登, 从恶如崩] cóng shàn rú dēng, cóng è rú bēng
선은 행하기 어렵고, 악은 행하기 쉽다.

[粗茶淡饭] cū chá dàn fàn
변변치 않은 음식.(검소한 식생활을 형용)

[攒少成多] cuán shǎo chéng duō
티끌모아 태산.

[摧枯拉朽] cuī kū lā xiǔ
식은 죽 먹기다.

[存精汰芜] cún jīng tài wú

좋은 것은 남기고 나쁜 것을 도태시키다.

[寸步不离] cùn bù bù lí

촌보도 떨어지지 않는다.

[寸草春晖] cùn cǎo chūn huī

한치도 안 되는 풀은 봄볕의 은혜에 보답하기 어렵다. 자식은 부모의 은혜에 보답하기 어렵다

[寸金难买寸光阴] cùn jīn nán mǎi cùn guāng yīn

돈으로 시간을 살 수 없다. 시간이 황금보다 더 귀중하다.

[寸丝不挂] cùn sī bù guà

몸에 실오라기 하나 걸치지 않다. 몸에 거추장스러운 것이 하나도 없다.

[撮土移山] cuō tǔ yí shān

흙을 한줌 한줌 파서 산을 옮기다. 낙숫물이 댓돌을 뚫는다.

[矬人肚里三把刀] cuó rén dù lǐ sān bǎ dāo

난쟁이 배속에는 칼이 세 자루 들어있다. 난장이는 속이 검다.
(교활하다)

[厝火积薪] cuò huǒ jī xīn

불을 장작더미 밑에 놓다. 매우 큰 위험이 숨어 있다.

D

[打八刀] dǎ bā dāo
이혼하다(부부가 별거하다). (八자와 刀가 합해서 分자가
되므로 이런 뜻이 됨.

[打不成狐狸，闹身臊] dǎ bù chéng hú lǐ nào shēn sāo
여우는 잡지 못하고 노린내만 묻이다. 일은 이루지 못하고
평판만 나쁘게 되다.

[打不成米，连口袋都丢了] dǎ bù chéng mǐ, lián kǒu dài dōu
dīu le
쌀은 사지도 못하고 자루마저 잃어버리다.

[打倒金刚，赖倒佛] dǎ dǎo jīn gāng, lài dǎo fó
금강을 때려 부수고도 부처에게 덮어씌우다. 온갖 수단을 써서
책임을 면하려 하다.

[打江山，坐江山] dǎ jiāng shān, zuò jiāng shān
천하를 차지하고 천하를 다스리다.

[打开天窗说亮话] dǎ kāi tiān chuāng shuō liàng huà
툭 털어 놓고 말하다.

[打老鼠伤玉器] dǎ lǎo shǔ shāng yù qì
쥐를 때려잡고 싶어도 그릇 깰까봐 겁내다.(投鼠忌器)

[打马虎眼] dǎ mǎ hǔ yǎn

어수룩한 척하거나 어물어물하여 남을 속이다.(打马胡眼)

[打人不打脸] dǎ rén bù dǎ liǎn

사람을 때려도 얼굴은 때리지 않는다.(결점을 들추지 말라.)

[打是亲骂是爱] dǎ shì qīn mà shì ài

때리는 것도 꾸짖는 것도 모두 사랑하기 때문이다.(打是疼骂是爱)

[打死老虎] dǎ sǐ lǎo hǔ

죽은 범을 때리다. 이미 세력이 꺾여 쇠잔한 자를 치다.

[打退堂鼓] dǎ tuì táng gǔ

퇴청의 북을 울리다. ① (함께 하던 일을 사정에 의해 그만두고) 중도에 물러나다. ② 약속을 취소하다.

[打鸭惊鸳(鸯)] dǎ yā jīng yuān(yāng)

나쁜 놈을 잡으려다 착한 사람까지 놀라게 하다.

[大海捞针] dà hǎi lāo zhēn

바다에 빠진 바늘 찾기다.(海里捞针)(水中捞月)(大海寻针)

[大旱望云霓] dà hàn wàng yún ní

대한(大旱) 칠년(七年)에 비 바라듯.

[大匠运斤] dà jiàng yùn jīn

거장(巨匠)이 도끼를 휘두르다. 정확하고도 적절하다.

[大萝卜不用尿浇] dà luó bo bù yòng niào jiāo

다 자란 무에는 오줌을 끼얹을 필요가 없다.

[大巧若拙] dà qiǎo ruò zhuō

매우 정교한 것은 겉으로 졸렬하게 보인다. 대현(大贤)은 우자

(愚者)처럼 보인다.

[大事化小, 小事化了] dà shì huà xiǎo, xiǎo shì huà liǎo
중대한 문제는 사소한 것으로 하고 사소한 문제는 끝난 것으로 치다

[大水冲了龙王庙] dà shuǐ chōng le lóng wáng miào
큰물이 용왕의 사당을 씻어 내려가다. 한집안 사람도 몰라본다.

[大瞎摸海] dà xiā mō hǎi
소경 팔매질하기.

[大智若愚] dà zhì ruò yú
큰 재주를 가지고 있는 사람은 잔재주를 부리지 않기 때문에 얼른 보기에는 어리석은 사람같이 보인다.

[呆人有呆福] dāi rén yǒu dāi fú
바보에게는 바보 나름대로의 행복이 있다.

[歹竹出好笋] dǎi zhú chū hǎo sǔn
나쁜 대나무에서 좋은 죽순이 나온다. 개천에서 용 나다.

[戴盆望天] dài pén wàng tiān
두 가지 일을 함께 하려고 하지만 할 수 없다.

[戴炭篓子] dài tàn lǒu zi
남의 부추김을 받다. 치켜세우는데 넘어가다.

[戴星而出, 戴星而入] dài xīng ér chū dài xīng ér rù
아침 일찍 나가 저녁 늦게 돌아오다.(披星戴月) (戴月披星)

[戴罪立功] dài zuì lì gōng
공적을 세움으로서 자신의 죄과를 보상하다.(戴罪图功)

[当人一面, 背人一面] dāng rén yī miàn, bèi rén yī miàn

표리부동하다. 남의 앞에서와 뒤에서의 태도가 다르다.

[当着矮人说短话] dāng zhe ǎi rén shuō duǎn huà
키가 작은 사람 앞에서 짧은 것에 대한 이야기를 하다.(当着矬
人说短话)

[刀裁笔画] dāo cái bǐ huà
칼로 자르고 붓으로 그리다. 깔끔하게 정리하다.

[刀来枪挡] dāo lái qiāng dǎng
칼이 오면 창으로 막다. 서로 한치의 양보도 없이 맞서다.

[刀扎肺腑] dāo zhā fèi fǔ
칼로 폐부를 찌르다. 깊은 감명을 주다.

[刀子嘴, 豆腐心] dāo zi zuǐ, dòu fu xīn
입은 칼인데 마음은 두부다. 말씨는 날카로워도 마음은 부드
럽다.

[捯不出手] dáo bù chū shǒu
(바빠서) 손을 놀릴 틈이 없다. 손을 뺄 수가 없다.

[到处春风] dào chù chūn fēng
사교적이어서 누구에게나 잘 보이다. 형편이 좋다.

[倒持太阿] dào chí tài ē
태아(太阿)의 명검을 거꾸로 잡아 손잡이는 다른 사람이 잡게
하다. 남에게 큰 권한을 주고는 자기는 도리어 피해를 입다.(倒
持泰阿)

[倒打一耙] dào dǎ yī pá
자기의 잘못을 인정치 않고 오히려 남을 비난하다.

[倒吊着刷井] dào diào zhe shuā jǐng

거꾸로 매달려 우물을 치우다. 매우 어려운 일을 하다.

[道不拾遗, 夜不闭户] dào bù shí yí, yè bù bì hù

길에 떨어진 것을 줍지 않고, 밤에 문을 닫지 않다. 세상이 태평하다.

[道高一尺, 魔高一丈] dào gāo yī chǐ, mó gāo yī zhàng

도(道)가 한자 높아지면 마(魔)는 한 장(丈) 높아진다. 좋지 않은 것이 좋은 것을 압도할 정도로 크다

[得不偿失] dé bù cháng shī

얻는 것보다 잃는 것이 많다.

[得好就收] dé hǎo jiù shōu

좋을 때 그만두다.(见好就收) 적당한 시기를 봐서 물러나다.

[得乐且乐] dé lè qiě lè

(뒷일은 걱정하지 않고) 즐길 수 있을 때 즐기다.

[得陇望蜀] dé lǒng wàng shǔ

감숙성 땅을 얻으면 촉나라까지 갖고 싶다. 욕망은 한이 없다.
(得一望二) (得寸进尺) (得寸思尺) (得步进步) (得一步(儿)进一步儿) (得了屋子想炕)

[得人一牛, 还人一马] dé rén yī niú, huán rén yī mǎ

남에게 소를 받으면 말을 돌려주어야 한다. 남의 호의에 대하여는 적으나마 호의로 보답해야 한다.

[得手应心] dé shǒ yìng xīn

일이 마음먹은 대로 되다.(得心应手)

[得匣还珠] dé xiá huán zhū

상자만 받고 구술은 돌려주다. 본말이 전도되다. 배주고 속

빌어먹는다.

[得意忘形] dé yì wàng xíng
뜻을 이루자 기쁜 나머지 자기 자신을 잊다. 자만하여 자신의
처지를 잊다.

[得鱼忘筌] dé yú wàng quán
고기를 잡은 뒤에 고기 잡던 통발을 잊어버리다.

[灯烬油干] dēng jìn yóu gān
등불이 가물가물 꺼져 가는데 기름은 바닥이 났다. 급박한
상황에 이르다.

[登高自卑, 行远自迩] dēng gāo zì bēi, xíng yuǎn zì ěr
높이 오르려면 낮은 데서부터. 멀리 가려면 가까운 데서부터.
(천리 길도 한 걸음부터)

[滴水穿石] dī shuǐ chuān shí
낙숫물이 댓돌을 뚫는다.

[点金成铁] diǎn jīn chéng tiě
꽤 좋은 것을 손을 대서 오히려 못쓰게 만들다.

[点铁成金] diǎn tiě chéng jīn
남의 글을 조금 손질을 해서 (다듬어서) 훌륭한 글이 되게 한
다.

[吊死鬼搽粉] diào sǐ guǐ chá fěn
목매달아 죽은 귀신이 분칠을 하다. 기를 쓰고 체면 치례를
하다.

[吊死鬼打秋千, 不上不下] diào sǐ guǐ dǎ qiū qiān, bù shàng
bù xià
목 매달은 놈이 그네를 타면 올라가지도 내려가지도 않는다.

이것도 저것도 아니다.

[爹亲娘亲不如钱亲] diē qīn niáng qīn bù rú qián qīn
돈 앞에서는 부모도 자식도 남남이다.

[叠床架屋] dié chuáng jià wū
침대 위에 침대를 겹치고 지붕 위에 거듭 지붕을 얹다. 쓸데없이 중복하다.

[丢卒保车] diū zú bǎo jū
중국 장기에서 차(车)를 살리기 위해 졸(卒)을 버리다. 대(大)를 위해 소(小)를 희생시키다.

[东风吹马耳] dōng fēng chuī mǎ ér
마이동풍(马耳东风)

[东郭先生] dōng guō xiān shēng
동곽 선생(사냥꾼에게 쫓기는 늑대를 숨겨 주었다가 오히려 늑대에게 잡혀 먹힐뻔 한 어리석고 인정 많은 인물. 이후 나쁜 사람에게 인정을 베풀었다가 도리어 역경에 처하게 되는 어리석은 사람을 가리키는 말로 쓰임)

[东辣西酸, 南甜北咸] dōng là xī suān, nán tián běi xián
(중국에서는) 동부에서는 매운 것을, 서부에서는 신 것을 좋아하고, 남부인은 단 것을, 북부인은 짠 것을 좋아한다.

[东山的老虎吃人, 西山的老虎也吃人] dōng shān de lǎo hǔ chī rén, xī shān de lǎo hǔ yě chī rén
어디 호랑이든 사람을 잡아먹는 법이다. 나쁜 놈은 어디에서든 사람을 해치는 법이다.

[东施效颦] dōng shī xiào pín
효빈. 남의 결점을 장점인줄 알고 본뜨다. 맥락도 모르고 덩달

아 흉내를 내다.(미녀 서시(西施)가 병이 있어서 눈썹을 찡그리고 아픔을 참았는데, 같은 마을의 추녀가 보고 아름답다고 여기어 그의 찌푸림을 흉내 내어 도리어 더욱 추해 보였는데 훗날 사람들이 이 추녀를 동시(東施)라 불렀음. 모방한 효과가 같지 않고 도리어 더욱 추함을 비유.(效顰) (捧心效西子)

[东食西宿] dōng shí xī sù
동가식서가숙. 탐욕에 눈이 어두워 수단방법을 가리지 않다.

[东西南北人] dōng xī nán běi rén
주거가 일정하지 않은 사람. 정처 없이 떠도는 사람

[东央西告] dōng yāng xī gào
여기저기에 부탁(사정)하고 다니다.

[冬不借衣, 夏不借扇] dōng bù jiè yī, xià bù jiè shàn
겨울에는 옷을 빌지 않고 여름에는 부채를 빌지 않는다. 서로 반드시 필요한 것을 빌려주거나 빌리지 마라.

[冬暖夏凉] dōng nuǎn xià liáng
겨울에는 따뜻하게 하고 여름에는 시원하게 하다. 자식이 부모에게 효도를 다하다.

[斗酒百篇] dǒu jiǔ bǎi piān
말술을 마시는 동안에 시(诗) 백편을 쓰다. 이백(李白)이 술을 사랑하여 음주 중에 곧잘 시를 지은 고사에서 온말.

[独木不林] dú mù bù chéng lín
한 그루의 나무로는 숲을 이룰 수 없다. 혼자의 힘으로는 큰일을 이룰 수 없다.

[读书三到] dú shū sān dào
독서삼도. 송(宋)의 주희(朱熹)가 주창한 "心到" "眼到" "口到"

의 세 가지 독서 방법. 즉 마음을 가다듬고, 눈으로 딴것을 보지
말고, 입으로는 다른 말을 아니 하고 반복 숙독(熟读)하면 진의
(真意)를 깨닫게 된다는 것.

[端着金碗讨饭吃] duān zhe jīn wǎn tǎo fàn chī
금으로 된 밥공기를 내밀고서 동냥을 하다. 애석하게도 훌륭한
것을 헛되이 사용하다.

[对佛说法] duì fó shuō fǎ
석가에게 설법하다. 공자 앞에서 문자 쓰다. (班门弄斧)

[对牛弹琴] duì niú tán qín
쇠귀에 거문고 뜯기. 쇠귀에 경 읽기.(对驴抚琴)

[囤底儿上打算盘] dùn dǐr shàng dǎ suàn pán
통가리가 바닥내게 되어야 주판을 튕기다. 없어질 때 가서야
아끼려 하다.

[囤尖儿上不打算盘] dùn jiānr shang bù dǎ suàn pán
통가리가 넘칠 때는 주판을 튕기지 않는다. 물건이 많이 있을
때 타산 없이 막 쓰다.

[多愁多病] dūo chóu dūo bìng
걱정이 많으면 병도 많다.

[多得不如少得, 少得不如现得] dūo dé bù rú shǎo dé, shǎo
dé bù rú xiàn dé
갖지 못하는 많은 것보다는 가질 수 있는 적은 것이, 적은 것
보다는 손에 쥘 수 있는 것이 좋다. 많은 것을 탐내어 공상하는
것보다 확실한 것을 하는 것이 낫다.

[多儿多累] dūo ér dūo lèi
자식이 많으면 고생도 많다.

[**多钱善贾**] duō qián shàn gǔ

자본이 많으면 장사하기 쉽다.(多财善贾) (长袖善舞多钱善贾)

[**多一事不如少一事**] duō yī shì bù rú shǎo yī shì

쓸데없는 일을 하는 것보다는 삼가는 편이 낫다.

[**躲过初一, 躲不过十五**] duǒ guò chū yī, duǒ bù guò shí wǔ

첫날은 피할 수 있지만 15일 날은 피할 수 없다. 언젠가는 잡

힌다.

[**躲静求安**] duǒ jìng qiú ān

귀찮은 일은 상관하지 않다.

[**堕甑不顾**] duò zèng bù gù

이미 깨어진 시루는 돌아보지 아니하다. 깨끗이 단념하다.

E

[阿金溺银] ē jīn niào yín
금과 은을 낳다. 재산을 늘리다. 돈을 모으다.

[鳄鱼眼泪, 假装慈悲] è yú yǎn lèi, jiǎ zhuāng cí bēi
악어의 눈물. 나쁜 사람이 자비를 가장하다.

[儿女情长, 英雄气短] ér nǚ qíng cháng, yīng xióng qì duǎn
남아의 의기도 사랑을 이겨내지 못한다.

[儿孙自有儿孙福] ér sūn zì yǒu ér sūn fú
자식들은 제복을 제가 갖고 태어난다.

[二虎相争, 必有一伤] èr hǔ xiāng zhēng, bì yǒu yī shāng
두 마리 호랑이가 싸우면 반드시 한 마리는 다친다. 두 영웅은
쌍립할 수 없다.

F

[发人深省] fā rén shēn xǐng
사람을 깊이 생각하게 하다.

[发扬踔厉] fā yáng chuō lì
정신이 분발되고 의기가 앙양되다.

[发踪指示] fā zōng zhǐ shì
사냥꾼이 들짐승의 종적을 발견하여 사냥개를 풀어 추적하게
한다. 배후에서 조종하고 지휘하다.

[伐毛洗髓] fá máo xǐ suǐ
털을 깎아 버리고 골수(骨髓)를 깨끗이 하다. 자신의 더러움을
철저히 깨끗이 하다.

[翻陈出新] fān chén chū xīn
낡은 것을 새롭게 하다.

[翻江倒海] fān jiāng dǎo hǎi
힘이나 기세가 대단하다. 대단히 혼란스럽다.

[反求诸己] fǎn qiú zhū jǐ
결점이나 잘못의 원인을 돌이켜 자기 자신에게서 구하다.

[反弱为强] fǎn ruò wéi qiáng
약점을 극복하고 강해지다.

[饭来开口] fàn lái kāi kǒu

　　밥이 오면 입을 연다. 무사태평한 모양.(饭来张口, 衣来伸手)
(茶来伸手, 饭来张口) (水来伸手, 饭来张口)

[饭桶茶罐子] fàn tǒng chá guàn zi

　　밥통과 차관. 먹는 것 이외에는 능력이 없는 사람.(饭桶大茶罐)

[饭桶大人] fàn tǒng dà rén

　　밥벌레

[饭碗撒沙] fàn wǎn sǎ shā

　　밥공기 속에 모래를 뿌리다. 생활의 길을 막다.

[方生未艾] fāng shēng wèi ài

　　지금 생겨났을 뿐이고 아직 충분하지 않다. 바로 발전도상에 있
다.(方兴未艾)

[方生未死] fāng shēng wèi sǐ

　　새 세력은 갓 태어났고 낡은 세력은 아직 멸망하지 않다.

[放长线, 钓大鱼] fàng cháng xiàn, diào dà yú

　　긴 줄을 늘여 큰 고기를 낚다. 차분히 대처하여 큰 수확을 얻다.

[放虎归山] fàng hǔ guī shān

　　범을 놓아 산으로 돌려보내다. 후환(後患)을 남기다.(纵虎归山)

[放虎自卫] fàng hǔ zì wèi

　　자신을 지키려다가 자멸하다.

[放开肚皮吃饭, 立定脚跟作人] fàng kāi dù pí chī fàn, lì dìng
jiǎo gēn zuò rén

　　배불리 먹고 근심걱정 없이 지내다. 아무 생각 없이 낙천적으로
살다.

[放屁拉抽屉] fàng pì lā chōu ti
방귀를 뀌고 (그 소리를 얼버무리기 위하여) 서랍을 열다. 다른 일을 핑계 삼아 자기의 결함, 실패 따위를 얼렁뚱땅 덮어 버리다.

[放下屠刀, 立地成佛] fàng xià tú dāo, lì dì chéng fó
악한 사람도 회개하면 성불할 수 있다.

[飞不高, 跌不重] fēi bù gāo, diē bù zhòng
높이 날지 않으면 떨어져도 상처가 가볍다. 평범하게 하고 있는 것이 가장 안전하다.(飞得不高, 摔得不重)

[飞多高迸多远] fēi duō gāo bèng duō yuǎn
뛰어오른 상태가 높으면 높을수록 멀리 뛸 수 있다.

[飞蛾投火] fēi é tóu huǒ
나방이 불에 뛰어 들거나 스스로 멸망을 초래하는 경우를 말함.(飞蛾扑火)

[飞黄腾达] fēi hu áng téng dá
신마(神马)와 같이 빨리 뛰다. 벼락출세하다.

[飞鸟尽, 良弓藏] fēi niǎo jìn liáng gōng cáng
잡을 새가 없어지면 좋은 활도 깊이 간직하고 만다. 쓸모가 없게 되면 버림을 받는다.

[非驴非马] fēi lú fēi mǎ
당나귀도 아니고 말도 아니다. 죽도 밥도 아니다.(飞鸦非凤)

[蜚短流长] fēi duǎn liú cháng
이것저것 낭설을 퍼드리다. 이러쿵저러쿵 하다.(非短流长)

[肥猪拱门] féi zhū gǒng mén

살찐 돼지가 문을 열고 들어오다. 뜻밖의 행운이 굴러 들어오다.(肥猪滚门)

[吠非其主] fèi fēi qí zhǔ
그 주인이 아니면 짖는다. 각기 제 주인을 위하다.

[吠形吠声] fèi xíng fèi shēng
개 한 마리가 그림자를 보고 짖으면 뭇 개들이 따라서 짖다. 진상도 모르는 채 남 따라 말하다.(吠影吠声) (一犬吠形) (百犬吠声)

[分钗破镜] fēn chāi pò jìng
부부가 갈라지다. 이혼하다.(分钗断带)

[分道而行] fēn dào ér xíng
제각기 제 갈 길을 가다.(分路扬镳)

[焚书坑儒] fén shū kēng rú
분서갱유. 진시황이 학자들의 정치비평을 금하기 위하여 시서육경(诗书六经)을 불태우고 460여명을 생매장한 일.

[风尘仆仆] fēng chén pú pú
이리저리 떠다니며 객지에서 고생하다.

[风调雨顺] fēng tiáo yǔ shùn
비바람이 순조롭다.(풍년의 징조)

[风行草偃] fēng xíng cǎo yǎn
덕행으로 백성을 교화하다.

[封妻荫子] fēng qī yìn zǐ
공신(功臣)의 처는 봉전(封典)을 받고 자손은 대대로 관직을 받다.(고위고관의 몸)

[逢人只说三分话, 不可全抛一片心] féng rén zhǐ shuō sān
fēn huà, bù kě quán pāo yī piàn xīn
사람을 만나면 3부만 이야기 하고, 마음 전부를 내던지지 말라.

[逢凶化吉] féng xiōng huà jí
전화위복

[凤凰于飞] fèng huáng yú fēi
봉황이 나란히 날다. 부부가 서로 화목하다.(신혼을 축하하는
말)

[凤鸣朝阳] fèng míng zhāo yáng
이른 아침에 봉황이 울다. 드문 길조. 인재가 좋은 때를 만나다.

[奉敬老拳] fèng jìng lǎo quán
주먹을 먹이다. 주먹질하다.

[佛口蛇心] fó kǒu shé xīn
입으로는 번지르르 하게 자비(慈悲)를 늘어놓으나 뱃속은 검
다.(음흉하다) 겉은 보살 같으나 속은 악귀(恶鬼) 같다.(口蜜
腹剑)

[佛头着粪] fó tóu zhuó fèn
부처 머리에 똥칠하다. 남을 모독하다.

[佛眼相看] fó yǎn xiāng kàn
호의를 갖고 대하다. 너그럽게 봐주다.

[夫唱妇随] fū chàng fù suí
부창부수. 부부가 화목하다.(夫倡妇随)

[夫子自道] fū zǐ zì dào
남을 이야기 한다는 것이 자기 이야기가 된다. 자기를 과시

하다.

[福不双至] fú bù shuāng zhì

복은 겹쳐서 오지 않는다.(福不双至, 祸不单行) (福无双至, 祸必
重来)

[福大量大] fú dà liàng dà

행복이 크면 도량도 크다. 행복하면 너그러워진다.

[福如东海] fú rú dōng hǎi

(생일 등을 축하하는 말로) 동해바다처럼 한없는 복을 누리십
시오.(寿比南山, 福如东海)

[釜底游鱼] fǔ dǐ yóu yú

솥 안에서 놀고 있는 물고기. 죽을 운명에 처한 사람. 운이 다한
사람.

[抚躬自问] fǔ gōng zì wèn

스스로 반성해 나가다. 자신을 돌이켜 보다.(抚心自问) (反躬
自问)

[抚今忆往] fǔ jīn yì wǎng

현실의 여러 일과 부딪치면서 지난날을 회상하다.(抚今追昔)

[俯拾即是] fǔ shí jí shì

몸을 굽혀 줍기만 하면 얼마든지 있다. ① 손쉽게 얻다. ② (찾
으려는 증거나 틀린 글자 따위가) 수두룩하다.

[俯首帖耳] fǔ shǒu tiē ěr

고개를 숙이고 귀를 늘어뜨리다. 비굴하게 굽실거리다. 순종
하다.

[俯仰无愧] fǔ yǎng wú kuì

하늘을 우러러 보나 세상을 굽어보나 양심에 부끄러움이 없다.

50

[**赴汤蹈火**] fù tāng dǎo huǒ

끓는 물과 타는 불에 들어가다. 물불을 가리지 않다.(赴汤投火)

[**附炎弃寒**] fù yán qì hán

세력이 강할 때는 뒤따라 다니고 쇠퇴하면 버리고 돌아보지 않는다.

[**附炎趋势**] fù yán qū shì

세력 있는 자에게 붙다.

[**附庸风雅**] fù yōng fēng yǎ

① 옛날 관료, 지주, 상인 등이 겉치레를 위하여 명사를 사귀고 문화 활동에 참가하다. ② 잘 모르면서 고상한 척하기 위해 문화, 음악, 미술 따위의 문화 활동을 하다.

[**负薪救火**] fù xīn jiù huǒ

섶을 지고 불에 들어가다.(抱薪救火)

[**腹中有剑, 笑里藏刀**] fù zhōng yǒu jiān, xiào lǐ cáng dáo

뱃속에는 검이 있고 웃음 속에 칼이 있다.

[**覆车当戒**] fù chē dāng jiè

앞차가 뒤집히는 것을 보고 뒷차가 교훈으로 삼다. 앞사람의 실패를 보고 교훈으로 삼다.(覆车之戒) (前车覆, 后车戒)

[**覆雨翻云**] fù yǔ fān yún

이랬다저랬다 대중없이 변하다(翻云覆雨)

[**富在深山有远亲**] fù zài shēn shān yǒu yuǎn qīn

부귀하면 깊은 산속에 살아도 먼 친척이 찾아온다. (贫居闹市无人问))

G

[盖棺论定] gài guān lùn dìng

　　사람의 공과 선악은 죽고 나서야 정해진다. 사람의 평가는 죽은 후에야 결정된다.

[盖天铺地] gài tiān pù dì

　　야숙하다. 하늘을 이불삼고 땅을 자리삼아 지내다.

[干柴烈火] gān chái liè huǒ

　　마른나무에 거센 불. ① 일촉즉발(一触即发) ② 남녀가 너무 가까이하면 애매한 관계가 생기기 쉬운 것을 비유함.

[干打雷不下雨] gān dǎ léi bù xià yǔ

　　큰 소리만 치고 실천은 하지 않다.

[甘井先竭] gān jǐng xiān jié

　　좋은 우물은 먼저 고갈 되다. 재능이 뛰어난 사람은 빨리 쇠퇴한다.

[甘居下游] gān jū xià yóu

　　남에게 뒤져도 태연하다.

[甘居中游] gān jū zhōng yóu

　　중간 정도에 있는 것을 만족해하다.

[甘之如饴] gān zhī rú yí

엿같이 달콤하게 여기다. 고되고 힘든 일을 기꺼이 하다.

[赶人不可赶上] gǎn rén bù kě gǎn shàng

도둑도 도망갈 구멍을 두고 잡으랬다. 사람을 책할 때에는 막다른 곳까지 책하지 말라.

[擀面杖吹火] gǎn miàn zhàng chuī huǒ

밀반죽 방망이로 불을 피우다. 앞뒤가 꽉꽉 막혔다. 아무것도 모르다.

[高不成, 低不就] gāo bù chéng, dī bù jiù

(지위, 배역 등이) 높아서 마음에 맞으면 이룰 수 없고 낮으면 하려 하지 않는다. 어중간해서 이것이나 저것이나 맞지 않다. 높은 것은 바라 볼 수 없고 낮은 것은 눈에 차지 않다.(高不攀, 低不就) (高不扬, 低不就)

[高酒出僻巷] gāo jiǔ chū pì xiàng

좋은 술은 시골 벽촌에서 나다. 흔히 있는 보통의 곳에서도 우수한 것이 나올 수 있다.

[高楼一席酒, 穷汉半年粮] gāo lóu yì xí jiǔ, qióng hàn bàn nián liáng

부자의 한자리 주연은 가난한 사람의 반년 식량이다.

[高山景行] gāo shān jǐng xíng

높은 산과 밝은 길.(사람의 덕행이 고상함을 칭송하는데 쓰는 말.)

[告枕头状] gào zhěn tóu zhuàng

잠자리에서 남편에게 호소하다. 베갯머리송사를 하다.(枕边儿上的话)

[割鸡焉用牛刀] gē jī yān yòng niú dāo

닭 잡는데 어찌 소 잡는 칼을 쓰랴.(杀鸡焉用牛刀)

[隔岸观火] gé àn guān huǒ

강 건너 불 보듯 하다.

[隔二蹁三] gé èr pián sān

띄엄띄엄 건너뛰다.(隔三跳两) (隔三差俩) 차근차근 하지 않고
덤벙거리다.

[隔里不同风] gé lǐ bù tóng fēng

백리 떨어지면 풍속이 같지 않다.(百里不同风)

[隔墙有耳] gé qiáng yǒu ěr

벽에 귀가 있다. 낮말은 새가 듣고 밤 말은 쥐가 듣는다.(隔
垣有耳)

[隔靴搔痒] gé xuē sāo yǎng

신발 위로 가려운 데를 긁다. 옷 입고 가려운데 긁기.

[隔着门缝, 探眼睛] gé zhe mén fèngr, tàn yǎn jing

문틈으로 남을 엿보다. 남을 경멸하다.(얕보다)

[各人自扫门前雪, 莫管他人瓦上霜] gé rén zì sǎo mén qián
xuě, mò guǎn tā rén wǎ shàng shuāng

사람마다 자기 문 앞의 눈은 쓸어도 남의 지붕 위의 서리는 신
경 쓰지 않는다.(자기 일에만 신경 쓰고 남의 일에는 무관심한
이기주의를 일컫는 말.)

[给人擦屁股] gěi rén cā pì gǔ

남의 밑구멍을 씻어 주다. 남의 뒤치다꺼리 해주다.

[给瞎子掌灯] gěi xiā zi zhǎng dēng

소경에게 등불을 쥐어 주다. 쓸데없는 짓을 하다.

[**根深叶茂**] gēn shēn yè mào
뿌리가 깊으면 잎이 무성하다.

[**跟踵而来**] gēn zhǒng ér lái
뒤꿈치를 따라 오다. 남의 뒤를 따르다.

[**绠短汲深**] gěng duǎn jí shēn
두레박줄은 짧은데 우물은 깊다. 능력은 부족한데 책임이 무
겁다.

[**弓肩缩背一世苦累**] gōng jiān suō bèi yī shì kǔ lèi
처진 어깨에 굽은 등을 한사람은 일생을 고생한다.

[**弓上弦刀出鞘**] gōng shàng xián dāo chū qiào
활에는 시위가 걸리고 칼은 칼집에서 뽑힌다. 만반의 준비를
갖추고 기다리다.

[**狗改不了吃屎**] gǒu gǎi bù liǎo chī shǐ
개는 똥을 먹는 버릇을 고칠 수 없다. 제 버릇 개 못준다.

[**狗苟蝇营**] gǒu gǒu yíng yíng
(공명을 위해) 개처럼 꼬리치고 파리처럼 달라붙다. 아첨하여
매달리다.

[**狗急跳墙**] gǒu jí tiào qiáng
개도 급하면 담장을 뛰어 넘는다. 궁한 쥐가 고양이를 문다.

[**狗来富, 猫来开当铺**] gǒu lái fù, māo lái kāi dàng pu
개가 모이는 집은 집안이 흥성해지고 고양이가 모이는 집은 전
당포를 열만큼 부자가 된다.

[**狗拿耗子**] gǒu ná hào zi
개가 쥐를 잡다. 쓸데없이 참견하기 좋아하다.(보통 뒤에

多管闲事가 붙음)

[狗屁文章] gǒu pì wén zhāng
　조리가 없는 문장. 엉터리 글.

[狗尾续貂] gǒu wěi xù diāo
　개꼬리를 담비꼬리에 잇다. ① 벼슬을 함부로 주다. ② 훌륭한
　것에 하찮은 것이 뒤를 잇다.

[狗咬吕洞宾] gǒu yǎo lǚ dòng bīn
　개가 여동빈을 물다. 남의호의를 몰라주다. 보통 뒤에 "不识好
　歹" "不识好人心" "不认得直人"이 붙음.

[狗仗人势] gǒu zhàng rén shì
　세력(상전)을 등에 없고 남을 괴롭히다.(업신여기다.)

[狗嘴里吐不出象牙来] gǒu zuǐ lǐ tǔ bù chū xiàng yá lái
　개입으로 상아를 토해 낼 수는 없다. 하찮은 인간은 품위 있는
　말을 못한다. 개는 개소리 밖에 내지 못한다.

[孤木不成林] gū mù bù chéng lín
　한그루 나무로는 숲을 이룰 수 없다.

[孤掌难鸣] gū zhǎng nán míng
　한쪽 손바닥만으로는 울리지 못하다.(一只手掌拍不响)

[古井无波] gǔ jǐng wú bō
　물이 마른 옛 우물에는 물결이 일지 않는다. 과부가 정욕에 흔
　들리지 않고 절개를 지키다.

[顾脑袋不顾屁股] gù nǎo dài bù gù pì gǔ
　머리에 마음을 빼앗겨 엉덩이에 생각이 미치지 않는다. 한쪽에
　마음이 쏠리어 다른 쪽은 소홀히 하다.

[顾前不顾后] gù qián bù gù hòu
　목전의 이익에만 정신이 팔려 뒤에 닥칠 환란을 생각하지 않다.

[顾上不顾下] gù shàng bù gù xià
　위만 바라보고 아래는 고려하지 않다.

[顾嘴不顾身] gù zuǐ bù gù shēn
　눈앞의 것만 생각하고 뒷일을 생각하지 않는다.(顾吃不顾穿)

[瓜瓞绵绵] guā dié mián mián
　박과가 차례차례 열려 끊이지 않다. 자손이 번창하다.(瓜绵)(绵绵瓜瓞)

[瓜熟蒂落] guā shú dì luò
　오이가 익으면 꼭지가 저절로 떨어진다. 조건이 성숙되면 일은 쉽게 이루어진다.(瓜熟自落)

[瓜田不纳履,李下不整冠] guā tián bù nà lǚ, lǐ xià bù zhěng guān
　오이 밭에서는 신이 벗겨져도 다시 신지 아니하며 자두나무 밑에서는 갓을 고쳐 쓰지 않는다. 남에게 의심 받을 일을 하지 말라.(瓜田李下)

[乖乖骗乖乖] guāi guāi piàn guāi guāi
　약은 놈이 약은 놈을 속이다.

[关门养虎, 虎大伤人] guān mén yǎng hǔ, hǔ dà shāng rén
　제가 기른 호랑이에게 물린다.

[观过知仁] guān guò zhī rén
　그 사람이 저지른 잘못을 보고 그 사람됨을 알 수 있다.

[观于海者难为水] guān yú hǎi zhě nán wéi shuǐ

바다를 보아온 사람은 보통 강물은 물로 여기지 않는다. 큰 것
만 다루어 온 사람은 작은 것에 성이 차지 않는다.(泰山归来不
见山)

[官败如花谢] guān bài rú huā xiè
　관리가 몰락하는 것은 꽃이 지는 것과 같다.

[官报似仇] guān bào sī chóu
　사적인 원한을 공적인 일로 푼다.

[官逼民反] guān bī mín fǎn
　관리의 횡포가 심하면 백성은 반발하기 마련이다. 압박과 착취
가 심하면 민중은 반항하기 마련이다.

[官不修衙, 客不修店] guān bù xiū yá, kè bù xiū diàn
　벼슬아치는 관청을 수리하지 않고 손님은 여인숙을 수리하지
않는다. 잠시 머무를 때는 뒷일을 돌아보지 않고 그날그날 살아
간다.

[官清司吏瘦, 神灵庙主肥] guān qīng sī lì shòu, shén líng
miào zhǔ féi
　상관이 청렴하면 하급관리들이 여위고 신령이 영험하면 묘지
기가 살찐다.

[棺材里伸手] guān cái lǐ shēn shǒu
　관으로부터 손을 뻗치다. 돈이라며 죽어서도 손을 내민다.

[管窥蠡测] guǎn kuī lí cè
　대롱 구멍을 통하여 하늘을 보고 표주박으로 바닷물을 되다.
식견이 좁다.(管中窥豹) (管蠡) (管穴)

[管中窥豹, 可见一斑] guǎn zhōng kuī bào, kě jiàn yī bān
　대롱의 구멍을 통해 표범을 보면, 표범 전체가 보이지 않고

반점만 보인다. 부분적 관찰만으로 전체를 추측하다.

[惯骑马惯跌跤] guàn qí mǎ guàn diē jiāo

말 타기에 익숙한 사람은 말에서 떨어지기도 한다. 기술이
숙련된 사람이 소홀함으로 인하여 왕왕 실수를 하다.

[惯说嘴惯打嘴] guàn shuō zuǐ guàn dǎ zuǐ

제 자랑만 하는 사람은 입으로만 떠든다.

[光头上的虱子] guāng tóu shàng de shī zi

대머리에 붙은 이. 아주 명백한 것.

[鬼头哈蟆眼] guǐ tóu há ma yǎn

(등 치고 간 빼먹을 정도로) 교활하고 빈틈없는 사람.

[贵耳贱目] guì ěr jiàn mù

귓구멍이 넓고 눈이 짧다. 전해들은 말은 중시하고 직접 눈으로
본 사실은 경시한다.

[贵人多忘] guì rén duō wàng

높은 사람은 잘 잊어버린다. 높은 자리에 있는 사람은 남에게
거만하게 굴며 옛 친교를 생각하지 않는다. 건망증이 심한 사람
을 조소하는 말(.贵人善忘)

[贵人语迟] guì rén yǔ chí

귀인은 입이 무겁다. 귀인은 경솔히 말을 하지 않는다.(贵人
话迟)

[桂林山水甲天下，阳朔山水甲贵林] guì lín shān shuǐ jiǎ

tiān xià, yáng shuò shān shuǐ jiǎ guì lín

계림의 풍광은 천하제일이고, 양삭의 풍광은 계림의 제일이다.

[衮衮诸公] gǔn gǔn zhū gōng

대감님네들. 무위도식 하는 고관들.

[锅清灶冷] guō qīng zào lěng
솥은 비고 부뚜막은 차갑다. 먹을 것이 없다.

[过街老鼠] guò jiē lǎo shǔ
큰길을 가로 질러가는 쥐. 여러 사람에게 지탄과 배척을 받는
사람을 형용.

[过了这(个)村儿, 没这(个)店儿] guò le zhèi (gè) cūnr, méi
zhèi (gè) diànr
이 마을을 지나서는 묵을 곳이 없다. 이런 기회를 놓치면 다시
는 이런 기회가 없다.

[过年瞧街坊] guò nián qiáo jiē fāng
세모가 되면 이웃을 비교하게 된다. 세모가 되면 인정의 후하고
박함을 알 수 있다.

[过屠门而大嚼] guò tú mén ér dà jué
푸줏간 앞을 지나면서 크게 입을 벌리고 씹는 시늉을 하다. 바
라는(원하는) 바를 이루지는 못해도 상상하는 것만으로도 즐거
워하다. 그림의 떡으로 배를 채우다.

H

[海底捞月] hǎi dǐ lāo yuè

바다에서 달 건지기. 되지도 않는 일을 하여 헛수고만 하다.

[海底捞针] hǎi dǐ lāo zhēn

바다 밑에서 바늘을 건지다. 검불밭에서 수은 찾기. 잔디밭에서 바늘 찾기.(水底捞针) (海里捞针)

[海水不可斗量] hǎi shuǐ bù kě dǒu liáng

바닷물은 말로 될 수 없다. 얕은 식견으로 큰일을 헤아릴 수 없다.

[海咸河淡] hǎi xián hé dàn

바닷물은 짜고 민물은 담담하다. 자연의 이치.

[海燕双栖] hǎi yàn shuāng qī

부부가 되어 살다.

[害群之马] hài qún zhī mǎ

많은 사람에게 해가 되는 자.

[害热病不出汗] hài rè bìng bù chū hàn

열병에 걸려서도 땀이 나지 않다. 뻔뻔스럽게 엉터리 말을 하다.

[旱瓜潦枣] hàn guā lǎo zǎo

참외는 가물수록 맛이 좋고 대추는 비가 많이 올수록 맛이
좋다.

[旱鸭子] hàn yā zi
　헤엄을 못 치는 사람. 맥주병.

[好狗不挡道] hǎo gǒu bù dǎng dào
　좋은 개는 사람이 다니는 길을 막지 않는다.

[好汉不吃眼前亏] hǎo hàn bù chī yǎn qián kuī
　사내대장부는 발등에 떨어진 불을 피할 줄 안다.

[好汉不使昧心钱] hǎo hàn bù shǐ mèi xīn qián
　사내대장부는 양심에 걸리는 돈을 쓰지 않는다.

[好汉不说当年勇] hǎo hàn bù shuō dāng nián yǒng
　사내대장부는 자기의 과거를 자랑하지 않는다.

[好汉哪怕出身低] hǎo hàn nǎ pà chū shēn dī
　사내대장부는 출신에 구애되지 않는다.

[好汉一言, 快马一鞭] hǎo hàn yī yán, kuài mǎ yī biān
　사내대장부는 말 한마디면 충분하고 준마는 채찍질 한번으로
　족하다.

[好汉只怕病来磨] hǎo hàn zhǐ pà bìng lái mó
　사내대장부도 병만은 두려워한다.

[好汉做, 好汉当] hǎo hàn zuò, hǎo hàn dāng
　사내대장부는 자기가 한일은 자기가 책임을 진다.

[好虎架不住一群狼] hǎo hǔ jià bù zhù yī qún láng
　중과부적(众寡不敌). 적은 수가 많은 수를 대적하지 못하다.
　(好汉架不住人多)

[好花也得绿叶扶] hǎo huā yě děi lǜ yè fú

　고운 꽃도 푸른 잎이 안받침 되어야 한다. 영재(英材)도 대중의
　지지가 있어야 성공할 수 있다.

[好鸡不跟狗斗, 好男不跟女斗] hǎo jī bù gēn gǒu dòu, hǎo
nán bù gēn nǚ dòu

　좋은 닭은 개와 싸우지 않고 훌륭한 남자는 부녀자와 다투지
　않는다.

[好借好还, 再借不难] hǎo jiè hǎo huán, zài jiè bù nán

　빌렸으면 잘 갚아야 다시 빌리기가 어렵지 않다.

[好景不长] hǎo jǐng bù cháng

　호경기는 늘 계속 되는 것은 아니다.

[好了疙瘩忘了疼] hǎo le gē dā wàng le téng

　종기가 나으면 아픔을 잊어버린다. 화장실 갈 때 마음 다르고
　나올 때 마음 다르다.(好了伤疤忘了疼)

[好马不吃回头草] hǎo mǎ bù chī huí tóu cǎo

　좋은 말은 머리를 돌려 자기가 밟고 온 풀을 먹지 않는다. ①
　뛰어난 인물은 지난 일에 연연하지 않는다. ② 정숙한 부인은
　재혼하지 않는다.

[好梦不长] hǎo mèng bù cháng

　달콤한 꿈은 오래가지 못한다.

[好事不出门, 恶事传千里] hǎo shì bù chū mén, è shì chuán
qiān lǐ

　좋은 일은 쉽게 드러나지 않고, 나쁜 일은 이내 천리 밖까지
　퍼진다.

[好死不如癞活着] hǎo sǐ bù rú lài huó zhe

훌륭하게 죽는 것보다는 비참하게라도 사는 것이 낫다. 말똥에 굴러도 이승이 좋다. 죽은 정승이 산 개만 못하다.

[好鞋不踩臭狗屎] hǎo xié bù cǎi chòu gǒu shǐ
좋은 신발로는 구린 개똥을 밟지 않는다. 신분에 흠이 갈까봐 자중하다.

[好吃萝卜的不吃梨] hào chī lúo bo de bù chī lí
무를 즐겨먹는 사람은 배는 먹지 않는다. 오이를 거꾸로 먹어도 제멋.(好吃萝卜的不吃山里红)

[好戴高帽] hào dài gāo mào
뽐내기를 좋아하다. 남이 추켜세워 주는 것을 좋아하다.

[好高务远] hào gāo wù yuǎn
비현실적으로 이상만 높다. 주제넘게 높은 데만 바라본다.(好高鹜远)

[和而不同] hé ér bù tóng
(사람과 교제함에 있어) 화합하면서도 아첨하지 아니하다. 남과 어울리면서도 (맹종하지 않고) 자기 입장을 고수하다.

[和光混俗] hé guāng hùn sú
빛을 감추고 세속에 섞이다. 자신의 지덕(智德)과 재기(才气)를 감추고 속세와 어울리다 (和光同尘)

[和气生财] hé qì shēng cái
웃는 얼굴에 부를 가져다준다.

[横不吃竖不吃] héng bù chī shù bù chī
얼려도 안 듣고 때려도 안 듣다. 아무 수단도 방법도 통하지 않다.(软硬不吃)

[横针不知道竖针] héng zhēn bù zhī dào shù zhēn

비뚤어진 바늘이 바른 바늘을 모른다. 비뚤어진 마음을 가진 사람은 바른 일을 모른다.

[鸿图大展] hóng tú dà zhǎn
원대한 계획을 크게 펼치다.

[宏才卓识] hóng cái zhuō shí
뛰어난 재능과 뛰어난 식견.

[闳声挥绰] hóng shēng huī chuò
학식과 재주가 뛰어나다.

[囫囵吞枣] hú lún tūn zǎo
대추를 통째로 삼키다. 무비판적으로 받아드리다.

[狐死兔悲] hú sǐ tù bēi
여우가 죽으니 토끼가 슬퍼하다. 마음 속으로는 좋아하면서 겉으로는 슬픈 척하다.(狐死兔泣) (狐兔之悲)

[虎毒不吃子] hǔ dú bù chī zǐ
범은 잔인해도 제 새끼를 잡아먹지 않는다. 제 새끼는 다 사랑한다.

[虎父无犬子] hǔ fù wú quǎn zǐ
호랑이 아비에 개 새끼는 없다. 용장(勇将)에게 약한 병사가 없다.

[虎落平阳被犬欺] hǔ luò píng yáng bèi quǎn qī
호랑이도 평지에서는 개들에게 물린다. 권세가도 일단 지위를 놓으면 남들이 넘본다.

[虎穴龙潭] hǔ xué lóng tán
범이 사는 굴과 용이 사는 못. 아주 위험한 곳.(龙潭虎穴)

[画饼充饥] huà bǐng chōng jī

그림의 떡으로 굶주린 배를 채우다. ① 이름뿐이고 실속이 없다. ② 상상이나 공상으로 스스로를 위로하다.

[画虎画皮难画骨] huà hǔ huà pí nán huà gǔ

범을 그리는데 가죽은 그리기는 쉬워도 뼈는 그리기 힘들다. 열 길 물속은 알아도 한 길 사람 속은 모른다.(知人知面不知心)

[画虎类狗] huà hǔ lèi gǒu

범을 그리다 개를 그리다. ① 고원(高远)한 것만 추구하다가 하나도 이루지 못하고 도리어 웃음거리가 되다. ② 서투른 솜씨로 흉내 내려다가 오히려 죽도 밥도 안 된다.(画虎不成反类狗) (画虎成狗)

[画蛇添足] huà shé tiān zú

뱀을 그리는데 다리를 그려 넣다. 쓸데없는 짓을 하다. 사족을 가하다.

[怀璧其罪] huái bì qí zuì

재능이 있어서 도리어 시샘을 받아 화를 입다.

[黄牛过河] huáng niú guò hé

황소가 강을 건너다. 남의 일을 아랑곳 하지 않고 자기 일만 생각하다.

[黄犬吃肉，白犬当罪] huáng quǎn chī ròu, bái quǎn dāng zuì

누렁개가 고기를 먹고 흰 개가 뒤집어쓰다. 죄는 막동이가 짓고 벼락은 선생님이 맞는다.

[黄熟梅子卖青] huáng shú méi zi mài qīng

잘 익은 매실이 푸른 체하다. 숙련되어 있으면서도 미숙한 체하다.

[**黄嘴牙子**] huáng zuǐ yá zi

풋내기

[**谎屁流儿**] huǎng pì liúr

거짓말쟁이(谣谎山)

[**回光返照**] huí guāng fǎn zhào

태양이 지기 직전에 잠시 빛나다. 죽을 무렵에 잠깐 정신이 밝아지다. 소멸직전에 잠시 왕성해지다.

[**回姥姥家**] huí lǎo láo jiā

죽다. 저승에 가다.

[**会的不难, 难的不会**] huì de bù nán, nán de bù huì

알면 쉽고 모르면 어렵다. 할 줄 아는 사람은 어렵지 않고 어려워하는 사람은 하지 못한다.

[**诲人不倦**] huì rén bù juàn

싫증내지 않고 남을 교도하다. 꾸준히 남을 교양하다.

[**秽声载道**] huì shēng zài dào

더러운 소문으로 가득 차다.

[**浑水摸鱼**] hún shuǐ mō yú

혼란한 틈을 타서 한몫 보다.(混水摸鱼) (混水捞鱼)

[**浑俗和光**] hún sú hé guāng

재지(才智)를 숨기고 남과 다투지 않다.

[**魂不附体**] hún bù fù tǐ

겁에 질려 넋을 잃다.

[**魂不守舍**] hún bù shǒu shè

(죽음에 임박하여) 혼이 몸에서 떠나다.

[魂飞魄散] hún fēi pò sàn
혼비백산하다.

[魂飞天外] hún fēi tiān wài
혼이 달아나다.

[活到老，学到老] huó dà lǎo, xué dào lǎo
늙어 죽을 때까지 배움은 끝나지 않는다.

[祸不单行] huó bù dān xíng
재앙은 매양 겹쳐오게 마련이다. 엎친 데 덮친다.(雪上加霜)
(뒤에 주로 福无双至가 이어짐.)

[祸从口出，病从口入] huó cóng kǒu chū, bìng cóng kǒu rù
화는 입에서 나오고 병은 입으로 들어간다.

[祸从天上来] huó cóng tiān shàng lái
재앙이 갑자기 닥쳐오다. 뜻밖의 재난.(祸从天降)

[祸福无门] huó fú wú mén
화와 복은 각자가 할 탓이다. (祸福无门, 唯人自招) 화와 복은
정해진 것이 아니라 자기 자신에게 달렸다.

[祸福由己] huó fú yóu jǐ
화와 복은 자기가 할 탓이다.

[祸起肘腋] huó qǐ zhǒu yè
재앙은 가까운 곳에서 일어난다.

J

[饥不择食] jī bù zé shí

배고플 때는 찬밥 더운밥 가릴 여유가 없다. 다급할 때는 이것
저것 가릴 여유가 없다.

[饥一顿饱一顿] jī yī dùn bǎo yī dùn

가난하여 먹다가 굶다가 하다.

[饥则甘食] jī zé gān shí

시장이 반찬이다.(饥者易为食)

[鸡抱鸭子] jī bào yā zi

닭이 오리알을 품다. 헛수고 하다.

[鸡蛋里挑骨头] jī dàn lǐ tiāo gǔ tou

달걀 속에서 뼈를 찾다. 억지로 남의 허물을 들추어내다.(뒤에
挑刺儿이 붙음) (鸡蛋里找骨头) (鸡蛋里寻骨头)

[鸡给黄鼠狼拜年] jī gěi huáng shǔ láng bài nián

닭이 족제비에게 세배한다. 제 죽을 짓을 하다.

[鸡毛拌韭菜] jī máo bàn jiǔ cài

부추요리에 닭털이 섞이다. 어수선하고 복잡하다.

[鸡鸣狗盗] jī míng gǒu dào

계명구도. 보잘 것 없는 재능이나 특기를 가진 사람. 어중이떠

중이.

[鸡手鸭脚] jī shǒu yā jiǎo
서투르다, 서투른 솜씨.

[积沙成塔] jī shā chéng tǎ
티끌 모아 태산.(聚沙成塔) (聚少成多) (积少成多)

[汲深绠短] jí shēn gěng duǎn
깊은 우물의 물을 긷는데 두레박줄이 짧다. 책임은 중한데 재능
이 부족하다.

[急时抱佛脚] jí shí bào fó jiǎo
급하면 부처다리를 껴안는다. 급하게 되어서야 서든다.(急来抱
佛脚)

[急中生智] jí zhōng shēng zhì
다급할 때에 좋은 생각이 떠오른다.(情急智生)

[疾风劲草] jí fēng jìng cǎo
세찬 바람이 불어야 억센 풀을 알 수 있다.(疾风知劲草,烈火见
真金)

[嫉贤妒能] jí xián dù néng
자기보다 현명하고 능력 있는 사람을 시기하다.

[加膝坠渊] jiā xi zhuì yuān
좋으면 무릎 위에 올려놓고 미우면 못에 밀어 넣다.

[家花不及野花香] jiā huā bù jí yě huā xiāng
남의 떡이 커 보이다.

[家花不如野花香] jiā huā bù rú yě huā xiāng
처는 창부의 호려내는 솜씨에는 못 당하지만, 창부는 처의 진실

에 미칠 수 없다.

[家鸡野鹜] jiā jī yě wù

집의 닭을 싫어하고 들의 오리를 좋아하다. ① 자기 것은 달갑게 여기지 않고 남의 것을 선모하다. ② 아내를 싫어하고 다른 여자를 좋아하다.

[家家都有一本难念的经] jiā jiā dōu yǒu yī běn nán niàn de jīng

집집마다 모두 곤란한 법이 있는 법이다.

[家里打车, 外头和辙] jiā lǐ dǎ chē, wài tóu hé zhé

집에서 수레를 만들어도 길에 맞게 만든다. 세상의 이치에 맞게 순응하다.

[家贫思良妻] jiā pín sī liáng qī

집이 가난하면 어진 아내를 생각하게 된다.

[家穷行不穷] jiā qióng xíng bù qióng

가난해도 행동은 의연하다. 옹색해도 궁색하지는 않다.

[家徒四壁] jiā tú sì bì

집안에는 벽밖에 없다. 너무 가난하여 가진 것이 없다. 서발 막대 거칠 것 없다.

[家有千口, 主事一人] jiā yǒu qiān kǒu, zhǔ shì yī rén

집에 사람이 천명 있어도 일을 주관하는 사람은 한사람이다. 사람이 많이 있더라도 누군가 책임자가 있어야 한다.

[见财起意] jiàn cái qǐ yì

재물을 보면 훔칠 생각을 한다. 견물생심.(见钱动心)

[见财忘义] jiàn cái wàng yì

재물을 보면 의리를 잊는다. 돈에 눈이 어둡다

[见风使舵] jiàn fēng shǐ duò

바람을 보고 노를 젓다. ① 형편을 보아 일을 처리하다. ②
기회주의적 태도를 취하다.

[见缝就钻] jiàn fèng jiù zuān

틈만 발견하면 바로 뚫고 들어가다. 약삭빠르게 굴다.

[见好就收] jiàn hǎo jiù shōu

좋을 때 그만두다. 적당한 시기를 봐서 물러나다.

[见利眼花] jiàn lì yǎn huā

사리사욕에 눈이 멀다.

[见仁见智] jiàn rén jiàn zhì

어진 사람은 어진 점을 보고 지혜로운 자는 지혜로운 점을
보다.

[见树不见林] jiàn shù bù jiàn lín

나무는 보면서 숲을 못보다. 세세한 점에 얽매어 전체를 못
보다.

[见兔顾犬] jiàn tù gù quǎn

토끼를 보면 개를 (부르려고) 돌아보다. 일을 성사시킬 수 있는
좋은 기회를 놓치지 않다.

[见物不见人] jiàn wù bù jiàn rén

물건만을 보고 사람을 보지 못하다.

[渐入佳境] jiàn rù jiā jìng

점입가경이다. ① 좋은 (재미있는) 경지로 들어가다. ② 상황이
점점 호전되다.

[鉴往知来] jiàn wǎng zhī lái

지난날을 거울삼아서 앞날을 알다.

[箭在弦上] jiàn zài xián shàng
화살이 이미 시위에 걸치다. 일의 형세가 그만 둘 수 없는 상황에 놓여 있다.

[江里来水里去] jiāng lǐ lái shuǐ lǐ qù
강에서 와서 물로 가다. 얻을 때 방법 그대로 잃어버리다. 부정하게 얻은 재물은 오래 못 간다.(冤枉钱来冤枉去) (悖入悖出)

[江水不犯河水] jiāng shuǐ bù fàn hé shuǐ
장강(长江)은 황하(黄河)를 침범하지 않는다. 자기분수를 지켜 남의 영역을 침범하지 않는다.(大水漫不过桥去)

[将上不足, 比下有余] jiāng shàng bù zú, bǐ xià yǒu yú
위를 보면 부족하고 아래를 보면 여유가 있다.

[将欲取之, 必先与之] jiāng yù qǔ zhī, bì xiān yǔ zhī
기지고 싶으면 먼저 주어야 한다.

[姜桂之性, 越老越辣] jiāng guì zhī xìng, yuè lǎo yuè là
생강과 계피는 여물수록 맵다. 나이가 들수록 지혜가 는다.(姜是老的辣)

[姜太公钓鱼, 愿者上钩] jiāng tài gōng diào yú, yuàn zhě shàng gōu
강태공의 곧은 낚시에도 스스로 원하는 자는 걸려든다. 스스로 남의 속임수(올가미)에 걸려들다.(太公钓鱼, 愿者上钩)

[姜太公在此] jiāng tài gōng zài cǐ
강태공이 여기에 있다. 만사가 순조롭게 해결되다.(강태공은 주(周)나라 무왕(武王)을 도와 천하를 평정한 인물로 민간에서는 액운을 막아주는 신으로 신봉됨. 따라서 옛날 민간에서는 액운

또는 잡신(杂神) 등을 막기 위해 종이나 돌에 太公在此, 百无禁忌. 太公在此, 诸神退位 등의 말을 써서 부적으로 사용했음.)

[将门出将子] jiàng mén chū jiàng zǐ
장군 가문에서 장군난다.(将门出虎子) (将门有将)

[胶柱鼓瑟] jiāo zhù gǔ sè
기러기발을 아교로 붙혀 놓고 비파를 타다. 고지식하여 조금도 변통성이 없다.

[娇狗上灶] jiāo gǒu shàng zào
귀여워하는 개가 부뚜막에 오른다. 곱다곱다 하니 할아버지 수염 당긴다.

[骄者必败] jiāo zhě bì bài
교만하게 굴면서 상대를 얕보는 자는 반드시 패한다.

[教猱升木] jiāo náo shēng mù
원숭이에게 나무 오르는 법을 가르치다. 악인에게 나쁜 짓을 하도록 부추기다.

[狡兔死走狗烹] jiǎ tù sǐ zǒu gǒu pēng
교활한 토끼가 죽고 나면 사냥개는 필요 없게 되어 주인에게 삶아 먹히게 된다. 필요한 동안에는 쓰이다가 필요가 없어지면 버림을 당한다.(飞鸟尽良弓藏)

[矫枉过正] jiǎ wǎng guò zhèng
구부러진 것을 바로 잡으려다가 정도를 지나치다. 잘못된 것을 바로 잡으려다가 너무 지나 쳐서 오히려 나쁘게 하다.(矫枉过直)

[脚踩两只船] jiǎo cǎi liǎng zhī chuán
양다리 걸치다.(脚踏两边儿船) (脚踏两只船) (脚站两只船)

[剿尽杀绝] jiǎo jìn shā jué
씨도 남기지 않고 몽땅 없애버리다.

[叫天不应, 唤地不灵] jiào tiān bù yìng, huàn dì bù líng
하늘도 땅도 무심하다. 고립무원의 상태다.

[教学相长] jiào xué xiāng zhǎng
가르치고 배우는 과정을 통해 선생도 학생도 발전하다. 교학
상장.

[阶千万里] jiē qiān wàn lǐ
계전만리. 만리나 되는 먼 곳도 계단 앞과 같다. 임금이 지방정
치의 좋고 나쁨을 잘 알고 있다.

[揭不开锅] jiē bù kāi guō
솥뚜껑을 열 수 없다. 가난하여 먹을 것이 없다.

[揭斧入渊] jiē fǔ rù yuān
도끼를 들고 연못에 들어가다. 좋은 물건을 갖고 있으면서도 그
것을 사용할 줄 모른다.

[嗟悔无及] jiē huǐ wú jí
아무리 탄식하고 후회해도 때가 늦다.

[嗟来之食] jiē lái zhī shí
"옛다"하고 던져 주는 음식. 모욕적인 베품. 不肯接受, 嗟来之
食. 모욕적인 베풂은 받으려 하지 않다.

[捷足先得] jié zú xiān dé
행동이 민첩한 사람이 먼저 목적을 달성하다.(捷足先登)

[洁杯候叙] jié bēi hòu xù
술잔을 깨끗이 닦아놓고 오시기를 기다리고 있습니다.(초대장

에 쓰는 문구)(洁樽候光)

[洁身如玉] jié shēn rú yù

옥처럼 자신을 깨끗이 하다.

[洁身自好] jié shēn zì hào

① 세속에 물들지 않고 자신의 순결을 지키다. ② 남이야 어떻게 하든 자신이 좋아하는 것만을 생각하다. 자기 한 몸만을 돌보다.

[截趾适履] jié zhǐ shì lǚ

발을 깎아 신에 맞추다. 불합리한 것을 억지로 적용하다.

[解铃系铃] jiě líng xì líng

방울을 건 놈이 떼어내야 한다. 자기가 저지른 일에 대해서는 자기가 해결해야 한다. 결자해지(结者解之)

[解衣推食] jiě yī tuī shí

옷을 벗어 남에게 입히고 음식을 권하다. 남에게 은혜를 베풀다.

[借刀杀人] jiè dāo shā rén

남의 칼을 빌어서 사람을 죽이다. 남을 이용하여 사람을 해치다.

[借风使船] jiè fēng shǐ chuán

바람을 빌어 배를 몰다. 남의 힘을 빌어 자기의 목적을 이루다.

[借公济私] jiè gōng jì sī

공사(公事)를 이용하여 사복(私腹)을 채우다.(假公济私)

[借花献佛] jiè huā xiàn fó

남의 꽃을 빌어 부처에게 바치다. 남의 것으로 인심을 쓰다.(借物请客)

[借酒撒疯儿] jiè jiǔ sā fēngr
술기운을 빌어 미친 체하다.

[借乱裹乱] jiè luàn guǒ luàn
혼란을 틈타 일을 일으키다. 혼란을 조장하다.

[借神庇佑] jiè shén bì yòu
신의 가호에 의지하다.

[巾帼英雄] jīn guó yīng xióng
여장부, 여걸(女中丈夫)

[今朝有酒今朝醉, 明日愁来明日当] jīn zhāo yǒu jiǔ jīn zhāo zuì, míng rì chóu lái míng rì dàng
오늘 술이 있으면 오늘 취하고, 내일의 근심은 내일 해결한다. 오늘 일은 오늘이고 내일 일은 내일 생각한다. 그럭저럭 되는대로 살아가다.

[金蝉脱壳] jīn chán tuō qiào
매미가 허물을 벗다. 꾀를 써서 상대방이 눈치 채지 못하게 도망하다.

[金钩儿虾米钓鲤鱼] jīn gōur xiā mǐ diào lǐ yú
새우로 잉어를 낚다. 작은 것으로 큰 성과를 거두다

[紧锅粥慢锅肉] jǐn guō zhōu màn guō ròu
죽은 센 불로 쑤고 고기는 약한 불로 끓이다. 대상을 보아가며 처리하다(상대하다). 사람을 보아 법을 따지다.

[锦囊妙计] jǐn náng miào jì
비단주머니 속의 묘계. 위급함을 해결할 수 있는 묘책.

[近朱者赤, 近墨者黑] jìn zhū zhě chì, jìn mò zhě hēi

주사(朱砂)에 가까이 있는 사람은 붉게 물이 들고 먹에 가까이 있는 사람은 검게 된다.(近朱近墨)

[禁若寒蝉] jìn ruò hán chán
늦가을의 매미처럼 아무 소리를 내지 못한다. 입을 다물고 말을 않다.(噤若寒蝉)

[经一事长一智] jīng yī shì zhǎng yī zhì
한 가지 일을 경험하면 그만큼 지혜가 는다.(经一番长一智)

[惊弓之鸟] jīng gōng zhī niǎo
화살에 놀란 새. 한번 크게 놀라서 조그마한 일에도 위축되는 사람.(伤弓之鸟)

[井底之蛙] jǐng dǐ zhī wā
우물 안 개구리. 견문도 좁고 세상물정에 어두운 사람.(井蛙)
(井鱼) (井底蛙)

[井里打水, 往河里倒] jǐng lǐ dǎ shuǐ, wǎng hé lǐ dào
우물에서 물을 길러 강에 쏟다. 버는 족족 쓰다.

[井水不犯河水] jǐng shuǐ bù fàn hé shuǐ
① 각자 한계를 분명히 하여 서로 범하지 않다. ② 전혀 관계가 없다.

[井淘三遍吃好水] jǐng táo sān biàn chī hǎo shuǐ
우물을 세 번만 처내면 좋은 물을 먹을 수 있다. 무슨 일이든 노력하기에 달렸다.

[井中观天] jǐng zhōng gān tiān
우물 속에서 하늘을 보다.(井口视星) (坐井观天)

[静极思动] jìng jí sī dòng
고요한 상태가 오래 지속되면 움직일 생각이 난다.

[静如处女，动如脱兔] jìng rù chǔ nǚ, dòng rú tuō tù

조용할 때에는 처녀 같고 움직일 때는 달아나는 토끼와 같다.
적절하게 행동하다.

[竞拨灯不添油] jìng bō dēng bù tiān yóu

심지를 돋울 뿐 기름을 붓지 않다. 임시변통만 할 뿐 근본적으
로 해결하지 않다.

[镜花水月] jìng huā shuǐ yuè

거울 속의 꽃. 물 속의 달. ① 환영(幻影) ② 오묘하여 말로 표현
할 수 없는 시문의 경지.

[镜里观花] jìng lǐ guān huā

허황한 (허황된) 일이다. 그림의 떡이다.

[敬酒不吃, 吃罚酒] jìng jiǔ bù chī, chī fá jiǔ

권하는 술은 마시지 않고 벌주를 마시다.(拉着不走, 打着倒走)

[敬谢不敏] jìng xiè bù mǐn

일을 감당할 능력이 없어 사절한다.

[九鼎大吕] jiǔ dǐng dà lǚ

말에 천근의 무게가 있다.

[九炼成钢] jiǔ liàn chéng gāng

연마를 거듭하면 좋은 쇠가 된다. 단련해야 훌륭한 인재가
된다.

[九牛二虎之力] jiǔ niú èr hǔ zhī lì

굉장히 큰 힘. 엄청난 노력.(九牛二虎)

[九牛一毛] jiǔ niú yī máo

많은 가운데 극히 적은 부분.

[九世同居] jiǔ shì tóng jū
9대가 한집에서 같이 살다. 큰 가정이 모두 화목하게 지내다.

[久病成医] jiǔ bìng chéng yī
오랜 병을 앓으면 의사가 된다.

[酒不醉人人自醉] jiǔ bù zuì rén rén zì zuì
술이 사람을 취하게 하는 것이 아니라 사람이 스스로 취한다.

[酒池肉林] jiǔ chí ròu lín
주지육림. 술이 못을 이루고 매단 고기가 숲을 이룬다. ① 온갖
향락이 극에 달한다. ② 온갖 사치를 다한 술자리.

[酒逢知己千杯少，话不投机半句多] jiǔ féng zhī jǐ qiān bēi
shǎo, huà bù tóu jī bàn jù duō
술은 지기를 만나면 천 잔으로도 모자라고, 말은 마음이 맞지
않으면 반 마디도 많은 법이다.

[酒后见真情] jiǔ hòu jiàn zhēn qíng
술에 취하면 본성이 나타난다. 술 먹으면 바른말을 한다. 취중
에 진담 나온다.

[酒囊饭袋] jiǔ náng fàn dài
밥주머니. 식충이. 밥통. 먹고 마시는 것 말고는 아무 재주도 없
는 사람.(酒囊饭袋茶祖师 : 술 마시고 차 마시는 이외에는 아무 재
주도 없는 사람. (酒囊饭袋衣裳架子 : 먹고 마시고 옷 입는 이외에
는 아무 재주도 없는 사람.) (酒囊饭桶) (酒瓮饭囊) (饭坑酒囊)

[酒肉朋友] jiǔ ròu péng yǒu
술 친구. 오로지 함께 먹고 마시고 노는 친구로 어려움을 함께
할 수 없는 친구.(柴米夫妻)

[酒入愁肠] jiǔ rù chóu cháng

걱정거리가 있어 술이 많이 먹히지 않다. 술로 시름을 달래다.
홧술을 먹다.

[酒是英雄胆] jiǔ shì yīng xióng dǎn
술을 마시면 담이 커진다.

[酒有别肠] jiǔ yǒu bíe cháng
술 배는 따로 있다. 배가 불러도 술은 마실 수 있다.

[旧梦重温] jiù mèng chóng wēn
옛 꿈을 다시 실현하려 하다. 남녀가 오랫동안 헤어져 있다가
다시 만나다.

[咎由自取] jiù yóu zì qǔ
자기가 뿌린 씨는 자기가 거둔다. 자업자득.

[咎有攸归] jiù yǒu yōu guī
죄를 지으면 화를 입기 마련이다.

[救火扬沸] jiù huǒ yáng fèi
끓는 물로 불을 끄다. 재해의 근본을 제거하지 못하고 도리어
다른 해를 입히다.

[救火以薪] jiù huǒ yǐ xīn
장작으로 불을 끄다. 더 큰 화를 초래하다.(抱薪救火)

[救颈引足] jiù jīng yǐn zú
목 매달고 있는 사람을 구하는데 발을 먼저 잡아당기다. 옴
딱지 떼고 비상 세복 칠한다.

[居安思危] jū ān sī wēi
편안한 처지에 있을 때에도 위험할 때의 일을 미리 생각하고
경계하다.(于安思危)

[居治不忘乱] jū zhì bù wàng luàn
치세(治世)에 살면서 난세(乱世)를 잊지 않다.

[锯倒了树, 拿老鸹] jù dǎo le shù, ná lǎo guā
나무를 톱질해 넘겨 까마귀를 잡으려 하다.(锯倒了树, 捉老鸹)

[聚沙成塔] jù shā chéng tǎ
티끌 모아 태산.(聚少成多) (积少成多)

[捐班出身] juān bān chū shēn
청대(清代)에 돈으로 관직을 산 사람.(捐纳出身)

[卷土重来] juǎn tǔ chóng lái
한번 패했다가 세력을 회복하여 다시 쳐들어오다. 실패 후 재기를 다짐하다.

[卷袖扎裤] juǎn xiù zā kù
소매를 걷어붙이고 바지를 졸라매다. 기세를 올려 분발하다.

[倦鸟知还] juàn niǎo zhī huán
새도 날다가 지치면 제 둥지로 돌아갈 줄 안다.(倦飞)

[撅人不撅短] juē rén bù juē duǎn
사람을 책망 하더라도 결점을 들추지는 않는다.

[决雌雄] jué cí xióng
자웅을 겨루다. 승패(우열)를 결정짓다.

[绝甘分少] jué gān fēn shǎo
맛있는 음식을 남에게 주고 적은 것도 남과 함께 나누다.(绝少分甘)

[绝望挣扎] jué wàng zhēng zhá
최후의 (절망적인) 몸부림. 최후의 발악.(垂死挣扎)

[绝子绝孙] jué zǐ jué sūn

자손이 끊어지다. 대가 끊어지다.(绝嗣无后)

[君子报仇，十年不晚] jūn zǐ bào chóu, shí nián bù wǎn

군자가 원수를 갚는 데에는 10년이 걸려도 늦지 않다.

[君子不羞当面] jūn zǐ bù xiū dāng miàn

군자는 얼굴을 맞대놓고 창피를 주지 않는다.

[君子成人之美] jūn zǐ chéng rén zhī měi

군자는 남의 장점을 키워 준다. 군자는 남이 좋은 일을 성취하
도록 힘을 써준다.

[君子动口，小人动手] jūn zǐ dòng kǒu, xiǎo rén dòng shǒu

군자는 말로 하고, 소인은 손을 쓴다. 군자는 사리를 따져서, 소
인은 완력으로서 처리한다.

[君子协定] jūn zǐ xié dìng

신사협정.(绅士协定)

[君子一言，四马难追] jūn zǐ yī yán, sì mǎ nán zhuī

군자가 한번 말하면 네 필의 말이라도 따라잡기 어렵다. 장부일
언중천금.(丈夫一言重千金)

[君子之交淡如水，小人之交甘若蜜] jūn zǐ zhī jiāo dàn rú
shuǐ, xǐo rén zhī jiāo gān ruò mì

군자 간의 사귐은 담담하기 물과 같고, 소인배의 사귐은 달콤하
기 꿀과 같다.

K

[开好花, 结好果] kāi hǎo huā, jiē hǎo guǒ
　좋은 꽃이 피면 좋은 열매를 맺는다.(善因善果)

[开活门, 放生路] kāi huó mén, fàng shēng lù
　미리 살아날(빠져나갈) 길(구멍)을 마련해두다.

[开卷有益] kāi juàn yǒu yì
　책을 펼치면 이로움이 있다. 독서는 유익하다.(开卷有得)

[开门见山] kāi mén jiàn shān
　단도직입적으로 본론에 들어가다. 곧 바로 말하다.

[开门见喜] kāi mén jiàn xǐ
　처음부터 경사스러운 일이 생기다.

[开门七件事] kāi mén qī jiàn shì
　일곱 가지 생활필수품. 柴, 米, 油, 盐, 酱, 醋, 茶.

[开门揖盗] kāi mén yī dào
　문을 열어 도적을 맞아들이다. 스스로 재앙을 불러들이다.

[砍竹遮笋] kǎn zhú zhē sǔn
　옛것을 버리고 새것을 구하다.

[看菜吃饭, 量体裁衣] kàn cài chī fàn, liàng tǐ cái yī

반찬에 맞추어 밥을 먹고 몸에 맞게 옷을 마름질하다. 대상(상황)에 따라 그에 적합한 조치를 취하다.

[看风使船] kàn fēng shǐ chuán
바람을 보아 돛을 조종하다.(看风使舵) (看风使帆)

[看佛敬僧] kàn fó jìng sēng
부처를 보아 중을 존경하다. 다른 사람의 얼굴을 보아 존경해 주다.

[看红了眼] kàn hóng le yǎn
(남의 것을 보고) 자기도 탐내다. 눈독을 들이다.

[看脚路] kàn jiǎo lù
(도둑이 남의 집에 침입하기 전에) 미리 그 집의 구조를 살피다.

[看今朝忆往昔] kàn jīn zhāo yì wǎng xi
오늘의 행복을 바라보면서도 쓰라린 과거를 회상하다(잊지 않다).(忆苦思甜)

[看景不如听景] kàn jǐng bù rú tīng jǐng
와서 경치를 보니 듣던 것만 못하다.

[看人眉睫] kàn rén méi jié
눈치를 보아가며 처신하다.

[看人行事] kàn rén xíng shì
사람에 따라 방법을 고치다(바꾸다).

[看事做事] kàn shì zuò shì
임기응변으로 일을 하다.

[看在眼里] kàn zài yǎn li

눈에 새겨두다.

[看朱成碧] kàn zhū chéng bì
빨강을 푸르게 보다. 마음이 산란하여 잘 안 보인다(분간하지 못하다).

[靠河吃河] kào hé chī hé
강을 낀 곳에서는 강을 이용해서 먹고살다.(靠山吃山)

[靠山烧柴] kào shān shāo chái
산이 가까우면 땔나무 걱정을 하지 않는다.(靠山好烧柴, 近水好吃鱼)

[克己奉公] kè jǐ fèng gōng
사를 버리고 공을 위하여 힘써 일하다.(灭私奉公)

[刻骨铭心] kè gǔ míng xīn
마음에 깊이 간직하여 명심하다.

[刻舟求剑] kè zhōu qiú jiàn
각주구검. 미련해서 사태의 변화를 무시하는 어리석은 행동을 하다. 융통성이 없어 사태의 변화를 모르다.

[客不送客] kè bù sòng kè
소님끼리는 서로 전송하지 않는다.

[肯堂肯构] kěn táng kěn gòu
부업(父业)을 이어받아 성공시키다.(肯构肯堂)

[空大老脬] kōng dà lǎo pāo
겉모양은 훌륭하나 속은 텅 비다. 속빈 강정.(空心汤团)

[空空而来] kōng kōng ér lái
빈손으로 오다. 빈털터리로 오다.

[空前绝后] kōng qián jué hòu
　　워낙 독특하여 비교할 만한 것이 이전에도 없고 이후에도 없다.
　　전무후무(前无后无)하다. 공전미유(空前未有)

[空群之选] kōng qún zhī xuǎn
　　걸출한 인재.

[空手抓饼] kōng shǒu zhuā bǐng
　　밑천 없이 벌다.

[空心大老官] kōng xīn dà lǎo guān
　　외관은 큰 부자로 보이나 실지로는 돈이 없는 사람.(空小大
　　老官)

[空穴来风] kōng xué lái fēng
　　틈이 있어야 바람이 들어온다.

[孔夫子搬家] kǒng fū zǐ bān jiā
　　공자가 이사 가다. 언제나 지기만 하다.(뒤에 净是书 (온통 책뿐
　　이다)로 이어지기도 하는데) 书는 "输"(지다)와 발음이 같으므
　　로 이런 뜻이 생김.

[孔子门前卖孝经] kǒng zǐ mén qián mài xiào jīng
　　공자집 문 앞에서 효경을 팔다. 공자 앞에서 문자 쓰다.

[恐后无凭] kǒng hòu wú píng
　　후에 증거가 없어지는 것을 우려하다.(恐后无据)

[恐口无凭] kǒng kǒu wú píng
　　구두 약속 만으로는 증거가 될 수 없음을 우려하다.(차용서
　　따위에 쓰임)

[口大口小] kǒu dà kǒu xiǎo

세력 있는 자의 주장은 통하나 그렇지 않은 자의 주장은 설사 도리에 맞는다 해도 통하지 않다.

[口角春风] kǒu jiǎo chūn fēng

구각춘풍. ① 말이 부드럽고 점잖다. ② 좋은 말재주로 남을 칭찬하여 즐겁게 하다.

[口可铄金] kǒu kě shuò jīn

입은 쇠도 녹인다. 참언(谗言)은 무서운 것이다.

[口蜜腹剑] kǒu mì fù jiàn

말은 달콤하게 하면서 속으로는 남을 해칠 생각만 한다. 교활하고 음흉하다.(蜜口蛇心) (口甜心里苦) (舌蜜腹剑) (佛口蛇心) (笑里藏刀)

[口若悬河] kǒu ruò xuán hé

말을 물 흐르듯 잘 하다. 말이 청산유수(青山流水) 같다.(口如悬河)

[口是风, 笔是踪] kǒu shì fēng, bǐ shì zōng

말은 없어지지만 글은 증거로 남는다.

[口众我寡] kǒu zhòng wǒ guǎ

비난하는 사람은 많고 편드는 사람은 적다.

[口诛笔伐] kǒu zhū bǐ fá

말과 글로 남의 죄상을 폭로하다.

[扣槃扪烛] kòu pán mén zhú

잘못 생각하다. 오해하다.(맹인이 어떤 사람으로부터 태양은 징과 같은 것이라고 듣고, 또 다른 사람한테서 태양의 빛은 양초와 같다고 들었는데, 나중에 징소리를 듣고 그것을 태양이라고 생각하고, 피리를 만져 보고 태양은 그런 모양이라고 생각하였

다는 고사에서 나옴)

[扣屎盆子] kòu shǐ pén zǐ
요강을 씌우다. 누명을 씌우다.

[枯木逢春] kū mù féng chūn
마른 나무에 꽃이 피다. 곤경에 처했다가 행운을 만나다.(枯树
生花) (枯树著花) (枯木发荣) (枯木华开)

[枯木死灰] kū mù sǐ huī
말라 죽은 나무와 불이 꺼진 잔재. 생기를 잃은 쇠잔(衰残)한
모습.

[枯杨生稊] kū yáng shēng tí
마른 버드나무에서 싹이 트다. 늙어서 젊은 아내를 얻다. 늙어
서 아이를 낳다.

[哭的拉笑的] kū de lā xiào de
우는 자는 웃는 자를 끈다. 사람은 인정에 끌린다.

[苦瓜藤上生苦瓜] kǔ guā téng shàng shēng kǔ guā
여주덩굴에서는 여주밖에 열리지 않는다. 개구리 새끼는 개구
리가 된다. 그 아비에 그 아들.

[苦瓠只生苦瓠] kū hù zhǐ shēng kǔ hù
쓴 오이에서는 쓴 오이만 난다.

[苦尽甘来] kǔ jìn gān lái
고진감래.(苦尽甜来)

[脍炙人口] kuài zhì rén kǒu
인구(人口)에 회자되다.

[快刀切豆腐] kuài dāo qiē dòu fǔ

잘 드는 칼로 두부를 베다. 일이 척척 잘 되어 나가다.

[快刀斩乱麻] kuài dāo zhǎn luàn má
잘 드는 칼로 어지럽게 뒤얽힌 삼 가닥을 자르다. 어지럽게 뒤섞인 복잡한 문제를 명쾌하게 처리하다.

[狂里狂荡] kuáng lǐ kuáng dāng
어슬렁거리다. 빈둥빈둥하다.(逛里逛荡)

[狂言绮语] kuáng yán qǐ yǔ
실속은 없이 겉만 잘 꾸민 말.

[昆山片玉] kūn shān piàn yù
곤륜산의 자그마한 옥. 매우 귀중한 인물(물건)

[捆着发麻, 吊着发木] kǔn zhé fā má, diào zhe fā mù
잡아매도 매달아도 저리기는 마찬가지다. 아무리 하여도 어찌할 방법이 없다.

[困兽犹斗] kùn shòu yóu dòu
궁지에 몰린 짐승은 그래도 최후 반항을 한다. 막판에 몰린 자는 그래도 최후 발악을 한다.

[阔吃阔喝] kuò chī kuò hē
호사스레 먹고 마시다.

L

[拉不出屎怨茅房] lā bù chū shǐ yuàn máo fáng

똥이 나오지 않는다고 변소를 탓하다. 안되면 조상 탓.

[拉大皮子] lā dà pí zi

(낯가죽 두껍게) 딴전을 부리다. 시치미를 떼다.

[拉大旗作虎皮] lā dà qí zuò hǔ pí

호피로 큰 깃발을 만들다. ① 겉모양으로 사람을 놀라게 하다.
② 혁명의 깃발로 사람을 위협하고 놀라게 하다.

[拉弓不可拉满] lā gōng bù kě lā mǎn

활을 한껏 당겨서는 안 된다. 사람을 나무라되 아픈 곳을 피하
라.(打人不打脸)

[拉裤补被] lā kù bǔ bèi

바지를 가져와 이불을 만들다. 당황하다. 허둥지둥하다. 갈팡질
팡하다.

[拉完了磨儿杀驴] lā wán le mòr shā lú

방아를 다 찧고 나면 당나귀를 잡는다. 다 부려먹고 내 던지다.

[拉线儿瞧活] lā xiànr qiáo huó

바느질 솜씨의 좋고 나쁨을 바늘 놀리는 것을 보고 알다.

[拉硬屎] lā yìng shǐ
  된똥을 누다. 용쓰다. 무리를 하다.

[拉着不走, 打着倒走] lā zhe bù zǒu, dǎ zhe dào zǒu
  권하는 술은 마시지 않고 벌주를 마시다.(敬酒不吃, 吃罚酒)

[拉着何仙姑叫大嫂子] lā zhe hé xiān gū jiào dà sǎo zi
  하선고의 환심을 사기 위하여 형수님이라고 부르다. 세력 있는
  사람과 친한 체하다.(하선고는 八仙중의 하나임)

[腊月的白菜, 冻了心儿了] là yùe de bái cài, dòng le xīnr le
  섣달 배추는 속이 얼었다. 마음은 변하는 법이다.

[蜡烛脾气] là zhú pí qì
  칭찬하면 기어오르고, 야단치면 비뚤어지는 성질.

[来的容易去的易] lái de róng yì qù de yì
  쉽게 얻은 것은 잃기 쉽다. 노름돈은 쉽게 쓴다.

[来而不往非礼也] lái ér bù wǎng fēi lǐ yě
  받은 만큼 돌려주지 않는 것은 예의가 아니다.(정면으로 반격
  에 나서는 것을 일컬음.)

[来龙去脉] lái lóng qù mài
  산의 지세가 용트림하며 뻗어나가 이룬 맥.(명당을 이룬 곳.)

[来日方长] lái rì fāng cháng
  앞길이 구만리 같다. 앞길이 희망차다.

[来说是非者, 便是是非者] lái shuō shì fēi zhě, biàn shì shì
  fēi zhě
  남의 말을 하는 사람은 그 자신이 문제가 있는 사람이다.

[来无影, 去无踪] lái wú yǐng, qù wú zōng

몰래 왔다 몰래 가다.(无影无踪)

[来者不善，善者不来] lái zhě bù shàn, shàn zhě bù lái
오는 사람은 나쁜 의도를 가지고 오며, 좋은 의도를 가진 사람
은 오지 않는다. 오라는 딸은 안 오고 보기 싫은 며느리만 온다.
나서기 잘 하는 놈치고 변변한 놈 없으며 훌륭한 사람은 나서
지 않는다.

[赖衣求食] lài yī qiú shí
남에게 의지하여 생활하다.

[赖艺求食] lài yì qiú shí
재주를 팔아 생활하다.

[癞蛤蟆躲不过五月单五儿去] lài há ma duǒ bu guò wǔ yuè
dān wǔr qu
두꺼비는 5월 단오를 피할 수 없다. 무슨 수를 써도 난관을 피
할 수 없다.(단오절은 두꺼비를 비롯한 다섯 독물(毒物)을 제거
하는 날이다.)

[癞蛤蟆想吃天鹅肉] lài há ma xiǎng chī tiān é ròu
두꺼비가 백조고기를 먹으려 하다. 자기의 분수를 알지 못하다.

[癞蛤蟆想上樱桃树] lài há ma xiǎng shàng yīng táo shù
두꺼비가 앵두나무에 오르려 하다. 추남이 주제넘게 미녀를 넘
보다.

[癞皮狗扶不上墙去] lài pí gǒu fú bù shàng qiáng qù
비루먹은 개는 담 위로 밀어 올려줄 수 없다. 사실상 쓸모가 없
다.

[癞皮狗生毛要咬人] lài pí gǒu shēng máo yào yǎo rén
비루먹은 개도 털이 나면 사람을 물려고 한다. 시시껄렁한 놈도

93

한번 잘 되면 날뛴다.

[兰摧玉折] lán cuī yù zhé

군자, 재사(才士), 미인 따위의 요절(夭折).

[兰因絮果] lán yīn xù guǒ

사람이 서로 만나고 헤어짐이 덧없다.(絮果兰因)

[兰友瓜戚] lán yǒu guā qī

좋은 벗과 친척.

[拦君子不拦小人] lán jūn zi bù lán xiǎo rén

군자는 막아낼 수 있어도 소인은 막지 못한다. 군자는 신중하고 (말을 잘 듣고) 소인은 저돌적이다(말을 듣지 않는다).

[狼多肉少] láng duō ròu shǎo

이리는 많고 고기는 적다.(粥少僧多) (僧多粥少)

[狼群狗党] láng qún gǒu dǎng

무도한 자들의 집합체.

[狼披羊皮] láng pī yáng pí

이리가 양의 가죽을 쓰다.

[劳燕分飞] láo yàn fēn fēi

때까치와 제비가 제각기 다른 방향으로 날아가다. (부부가) 헤어지다. 이별하다.(两燕分飞)

[老虎打盹儿] lǎo hǔ dǎ dǔr

호랑이도 존다. 신중한 사람이라도 방심할 때가 있다.

[老虎挂念珠] lǎo hǔ guà niàn zhū

위선자.(假貌为善) (老虎挂素珠) 착한 일을 하는 척하다.

[老虎屁股摸不得] lǎo hǔ pì gǔ mō bù de

호랑이 엉덩이와 같이 아무도 감히 건드리려고 하지 않다. 위험한 일에는 손을 대지 않는다.

[老虎头上拍苍蝇] lǎo hǔ tóu shàng pāi cāng yìng
호랑이 머리에 파리를 잡다. 대담하게 일을 하다.

[老虎嘴上拔毛] lǎo hǔ zuǐ shàng bá máo
호랑이 수염을 뽑다. 매우 위험한 일을 하다.

[老骥伏枥] lǎo jì fú lì
늙은 천리마가 마굿간에 누워 있으나 여전히 천리를 달리고 싶어 한다. 늙었어도 아직 원대한 뜻이 있다. 유능하면서도 불우하다.(뒤에 志在千里와 연결하여 씀)

[老九的兄弟] lǎo jiǔ de xiōng dì
아홉째 아우. 성실한 사람. 진지한 사람. 성실하다.(뒤에 "老十"가 이어지기도 하는데 아홉째 아우는 형제 중에서 "老十"(열번째)에 해당하여 그 발음이 "老实"와 통하기 때문에 이렇게 씀.

[老马识途] lǎo mǎ shí tú
늙은 말은 길을 알고 있다. ① 경험이 많으면 그 일에 능숙하다. ② 연장자가 후진을 가르칠 때 쓰는 말.

[老马嘶风] lǎo mǎ sī fēng
늙은 말이 우렁차게 울다. 나이는 먹었어도 기운(마음)은 젊다.

[老牛赶山] lǎo niú gǎn shān
늙은 소가 산을 넘다. 믿음성이 없다.

[老牛破车] lǎo niú pò chē
늙은 소가 낡은 수레를 끌다. 하는 일이 굼뜨다. 여드레 팔십리 걸음 한다.

[老牛舐犊] lǎo niú shì dú

어미 소가 송아지를 핥다. 부모가 자녀를 애지중지 하다.

[老三老四的] lǎo sān lǎo sì de
노련하다. 능숙하다.

[老王卖瓜] lǎo wáng mài guā
왕씨가 참외를 팔다. 자화자찬(自画自赞) 뒤에 自卖自夸가
이어지기도 함.

[老爷儿地] lǎo yér dì
양지 바른 곳. 양지쪽.

[老油勺儿] lǎo yóu sháor
약고 교활한(간사한) 놈. 닳고 닳은 자. 노회(老狯)한 놈(老油
子)

[老鱼不上钩] lǎo yú bù shàng gōu
오래 묵은 물고기는 낚시에 걸리지 않는다. 닳고 닳은 자는 달
콤한 말에 넘어가지 않는다.

[乐不思蜀] lè bù sī shǔ
안락하여 고향에 돌아가는 것을 잊다. 탐닉하여 본분을 잊다.

[冷锅里冒热气] lěng guō lǐ mào rè qì
찬 솥에서 뜨거운 김이 나오다. 밑도 끝도 없는 말을 하다. 까닭
모를 말을 하다.

[冷暖自知] lěng nuǎn zì zhī
물을 마시는 자가 그 차고 뜨거움을 안다. 제 속은 제가 잘 안
다.

[冷松热柏] lěng sōng rè bǎi
소나무는 겨울에, 측백나무는 여름에 심는 것이 좋다.

[籬牢犬不入] lí láo quǎn bù rù
울타리가 튼튼하여 동네 개가 못 들어온다. 조심하면 실수가 없다.

[礼从外来] lǐ cóng wài lái
손님이 주인을 접대하다. 주객이 전도되다.

[礼多人不怪] lǐ duō rén bù guài
예의 예절은 지나쳐도 사람이 허물로 여기지 않는다.

[礼尚往来] lǐ shàng wǎng lái
① 예의상 오고 가는 것을 중시해야 한다. ② 예의상 선물을 받으면 답례를 해야 한다. 오는 정이 있으면 가는 정이 있어야 한다.

[李下瓜田] lǐ xià guā tián
남에게 의심 살만한 일을 아예 하지 마라.(瓜田不纳履, 李下不整冠)

[里打外敲] lǐ dǎ wài qiāo
안팎에서 협공하다.(못 살게 하다.)

[里拐外拐] lǐ guǎi wài guǎi
이렇게 저렇게 속여서 돈을 떼먹다.

[里生外熟] lǐ shēng wài shú
겉은 익고 속은 설다. 풋내기 이면서 겉으로는 전문가인체 하다.

[里外不找] lǐ wài bù zhǎo
이것저것 서로 계산하면 거슬러 줄 것이 없다.

[里外刷油] lǐ wài shuā yóu

구운 떡의 겉과 속에 기름을 바르다. 두 손에 떡. 한꺼번에 두 가지 좋은 일이 생기다. 아름다운 것을 혼자 차지하다.

[鲤鱼跳龙门] lǐ yú tiào lóng mén
잉어가 용문에 오르다. 출세하다.

[力不从心] lì bù cóng xīn
할 마음은 있으나 힘이 따르지 못하다. 힘이 모자라 뜻대로 되지 않다.

[立竿见影] lì gān jiàn yǐng
장대를 세우면 그림자가 나타나다. 즉시 효과가 나타나다.

[利令智昏] lì lìng zhì hūn
이욕(利欲)은 사람의 지혜를 어둡게 하다. 사리사욕에 눈이 어두워지다.

[利手利脚] lì shǒu lì jiǎo
일을 (재빨리) 척척 해내는 모양.

[例不十, 法不立] lì bù shí, fǎ bù lì
열 가지 실례가 없으면 법칙이 될 수 없다.

[莲花镀金] lián huā dù jīn
연꽃에 도금(镀金)하다. 쓸데없는 짓을 하여 본래의 아름다움을 잃다.

[怜香惜玉] lián xiāng xī yù
여색(女色)을 좋아하다.(惜玉怜香)

[脸上贴金] liǎn shang tiē jīn
자기를 내세우다. 자기를 돋보이려 하다. 자랑하다.

[恋土难移] liàn tǔ nán yí

오랜 세월 살던 곳은 떠나기 어렵다. 정들면 고향.

[恋住身子] liàn zhù shēn zi

(…에) 홀딱 빠지다.

[良工心苦] liáng gōng xīn kǔ

뛰어난 예술가도 고심하지 않으면 좋은 작품을 만들 수 없다.

[良药苦口] liáng yào kǔ kǒu

좋은 약은 입에 쓰다. 충언은 귀에 거슬린다.

[良医三折肱] liáng yī sān zhé gōng

사람은 생각지도 못한 갖가지 곤란에 부딪치는 법이다.

[梁上君子] liáng shàng jūn zi

양상군자. 도둑.

[两饱一倒儿] liǎng bǎo yī dǎor

무위도식하다.

[两手托刺猬] liǎng shǒu tuō cì wèi

이러지도 저러지도 못하다.

[两袖清风] liǎng xiù qīng fēng

① 관리가 청렴결백하다. ② 빈털터리다. 수중에 한푼도 없다.
(清风两袖)

[量小非君子, 无毒不丈夫] liàng xiǎo fēi jūn zi, wú dú bù zhàng fū

도량이 좁으면 군자가 아니요. 배짱이 없으면 장부가 아니다.

[燎原烈火] liáo yuán liè huǒ

요원의 불길. ① 기세가 맹렬하여 가까이 갈 수 없다. ② 기세를 저지할 수 없다.

[寥若晨星] liáo ruò chén xīng
새벽의 별같이 드물다.

[了如指掌] liǎo rú zhǐ zhǎng
손바닥을 가리키듯 확실히 안다. 제 손금을 보듯 훤하다.

[琳琅满目] lín láng mǎn mù
아름다운 옥이 눈앞에 가득하다. 갖가지 훌륭한 물건이 매우 많다.(주로 책이나 공예품에 대해 쓰임)

[临渴掘井] lín kě jué jǐng
목이 말라야 우물을 파다.

[临深履薄] lín shēn lǚ bó
깊은 못에 이르는 것 같고 엷은 어름 장을 디디는 것 같다.(临渊履冰)

[临时抱佛脚] lín shí bào fó jiǎo
급하면 부처 다리를 안는다.(急时抱佛脚)

[临崖勒马] lín yá lè mǎ
낭떠러지에 이르러 말을 멈춰 세우다. 위험 일보 직전에서 (정신을 차리고) 멈추다.

[临渊羡鱼, 不如退而结网] lín yuān xiàn yú, bù rú tuì ér jié wǎng
못에 가서 물고기를 탐내는 것보다는 물러나서 그물을 뜨는 것이 더 낫다.

[临阵磨枪] lín zhèn mó qiāng
싸움터에 임하여 창을 갈다. 준비 없이 있다가 급하게 되어서야 바삐 서두르다.

[溜之大吉] liū zhī dà jí

슬그머니 달아나는 것이 상책이다. 줄행랑 놓다.(溜之乎也) (三十六计, 走为上计)

[流芳百世] liú fāng bǎi shì

유방백세하다. 훌륭한 명성을 후세에 전하다.(流芳千古)

[流里流气] liú lǐ liú qì

① 건달 티가 나다. ② 무뢰한 같다.

[流连忘返] liú lián wàng fǎn

놀이에 빠져 집에 돌아가는 것을 잊다. 도락(道乐)에 빠져 정신을 잃다.(流连忘反)

[流水不腐, 户枢不蠹] liú shuǐ bù fǔ, hù shū bù dù

유수불부, 호추불두. 흐르는 물은 썩지 않고 여닫는 문지도리는 좀이 먹지 않는다. 항상 움직이는 물건은 쉽게 침식당하지 않고 오래 갈 수 있다.

[留得青山在, 不愁没柴烧] liú de qīng shān zài, bù chóu méi chái shāo

푸르고 무성한 산이 있는 한, 땔나무 걱정은 없다. 근본이 착실하게 갖추어지면, 걱정할 필요가 없다.(留得青山在, 不怕没柴烧)

[柳暗花明又一村] liǔ àn huā míng yòu yī cūn

막다른 곳에서도 길이 열리다. 새로운 희망이 생기다.

[柳腰屁股] liǔ yāo pì gu

궁둥이가 질기다(무겁다).

[六月飞霜] liù yuè fēi shuāng

유월에 서리 내리다. 억울한 죄로 투옥되다.(飞霜六月)

[龙胆凤肝] lóng dǎn fèng gān

　매우 진기한 음식.(龙肝豹胎) (龙肝凤胆) (龙肝凤髓)

[龙灯的胡子] lóng dēng de hú zi

　용등에 달린 수염. 거들떠보지도 않다. 상대하지 않다.(뒤에 "没
　人理"가 이어지기도 함.)

[龙多死靠] lóng duō sǐ kào

　능력이 있는 사람이 많으면 도리어 일의 진전이 없다. 사공이
　많으면 배가 산으로 올라간다.

[龙飞凤舞] lóng fēi fèng wǔ

　① 산세가 웅장하여 기이하다. ② 글씨체가 생동감이 넘치며 활
　달하다.

[龙归沧海] lóng guī cāng hǎi

　제왕이 붕어하다.

[龙睛虎目] lóng jīng hǔ mù

　위엄 있는 모습.

[龙口夺粮] lóng kǒu duó liáng

　폭풍우가 오기 전에 여름 농사의 수확을 거두어들이다. 날씨가
　악화되기 전에 서둘러 수확을 하다.

[龙蟠凤逸] lóng pán fèng yì

　비범한 인물이 때를 만나지 못하다.(龙盘凤逸)

[龙蛇飞腾] lóng shé fēi téng

　글씨가 힘이 있고 생동감이 넘쳐흐르다.(龙蛇飞动)

[龙蛇混杂] lóng shé hùn zá

　옥과 돌이 함께 뒤섞이다. 좋은 사람과 나쁜 사람이 한데 섞여

있다.

[龙生凤养] lóng shēng fèng yǎng
좋은 집안(가문)에서 태어나다.

[龙生龙，凤生凤，老鼠生儿会打洞] lóng shēng lóng, fèng
shēng fèng, lǎo shǔ shēng ér huì dǎ dòng
용은 용을 낳고, 봉은 봉을 낳으며, 쥐가 새끼를 낳으면 그 새끼
는 구멍을 잘 뚫는다. 그 아비에 그 아들.

[龙生一子定乾坤，猪生一窝拱墙根] lóng shēng yī zǐ dìng
qián kūn, zhū shēng yī wō gǒng qiáng gēn
용은 한 마리의 새끼를 낳아서 천하를 평정하지만, 돼지는 한배
를 낳아도 담장 밑만 팔뿐이다. 사람의 재주는 타고 나는 법이다.

[龙头蛇尾] lóng tóu shé wěi
용두사미.(虎头蛇尾)

[龙章凤姿] lóng zhāng fèng zi
풍채가 뛰어나고 훌륭하다.

[龙子龙孙] lóng zi lóng sūn
훌륭한 자손들

[漏瓮沃焦釜] lòu wèng wò jiāo fǔ
깨진 독의 물을 타는 솥에 붓다. 일이 매우 위급하고 절박함.

[卤水点豆腐，一物降一物] lǔ shuǐ diǎn dòu fǔ, yī wù xiáng
yī wù
간수가 두부를 굳히고 한 사물은 다른 한 사물을 제압한다. 하
나의 문제는 상응한 하나의 방법으로 해결된다.

[鲁班门前舞大斧] lǔ bān mén qián wǔ dà fǔ
(목수의 신인) 노반 앞에서 큰 도끼를 휘두르다. 공자 앞에서

문자 쓰다.

[**鲁鱼不辨**] lǔ yú bù biàn
　좋고 나쁨을 가리지 않다.

[**鲁鱼亥豕**] lǔ yú　hài shǐ
　鲁를 鱼로 亥를 豕로 쓴다. 비슷한 글자를 잘못 쓰다.

[**鹿死不择荫**] lù sǐ bù zé yīn
　사슴이 죽어갈 때에는 장소를 고를 여유가 없다. 급할 때에는
　작은 일을 돌볼 틈이 없다.(鹿死不择音)

[**鹿死谁手**] lù sǐ shéi shǒu
　천하가 누구의 수중에 돌아가겠는가. 승자는 누구일 것인가.(운
　동 경기에 많이 쓰임)

[**路不拾遗**] lù bù shí yí
　길에 물건이 떨어져 있어도 줍지 않다. 세상이 태평하고 기풍이
　올바르다.(道不拾遗)

[**路遥知马力, 日久见人心**] lù yáo zhī mǎ lì, rì jiǔ jiàn rén xīn
　길이 멀어야 말의 힘을 알 수 있고, 세월이 흘러야 사람의 마음
　을 알 수 있다. 사람은 같이 살아보아야 알고 말은 타보아야 안
　다.(路遥知马力, 事久见人心)

[**露水夫妻**] lù shuǐ fū qi
　정식으로 식을 올리지 않은 부부. 일시적인 부부. 뜨내기 부부.

[**露宿风餐**] lù sù fēng cān
　바람과 이슬을 맞으며 한 데서 먹고 자고 한다. 객지 생활의 괴
　로움을 맛보다.(风餐露宿) (餐风宿露)

[**露尾藏头**] lù wěi cáng tóu
　꼬리가 드러난 채 머리만 숨기다. 잘못을 숨기려고 애써도 결국

탄로가 나다.(藏头露尾)

[驴朝东, 马朝西] lú cháo dōng, mǎ cháo xī

나귀는 동쪽으로 말은 서쪽으로 가다. 제가 가고 싶은 곳으로
가다. 뿔뿔이 헤어지다.

[驴唇不对马嘴] lú chún bù duì mǎ zuǐ

나귀의 입술은 말 주둥이에 맞지 않는다. 뚱딴지같은 말을 하
다. 일의 앞뒤가 맞지 않다. 얼토당토 않는 말.(牛头不对马嘴)

[驴屁股上锭掌] lú pì gu shàng dìng zhǎng

나귀 엉덩이에 편자를 박다. 이야기가 본 줄거리에서 벗어나
다.(뒤에 离蹄太远了가 이어지기도 함.)

[旅进旅退] lǚ jìn lǚ tuì

함께 나아가고 함께 물러나다. 자신의 주장은 없이 남을 따라
하다. 남의 장단에 춤추다.

[洛阳纸贵] luò yáng zhǐ guì

책이 잘 팔리다.(진대(晋代) 좌사(左史)의 삼도부(三都赋)가 나
오자 사람들이 다투어 베끼므로 낙양의 종이 값이 올랐다는 고
사에서 유래)

[骆驼上车] luò tuō shàng chē

죽다.(낙타는 죽어서 푸줏간에 실려 갈 때에만 수레를 타기 때
문임).

[落花有意, 流水无情] luò huā yǒu yì, liú shuǐ wú qíng

낙화는 뜻이 있건만 유수는 무정하다. 짝사랑을 하다.

[落井下石] luò jǐng xià shí

우물에 빠진 사람에게 돌을 던지다. 엎친 놈 위에 덮친다.(落井
投石) (投井下石)

[落汤鸡] luò tāng jī

물에 빠진 병아리(생쥐)

[落汤螃蟹] luò tāng páng xiè

끓는 물에 빠진 게. 상황이 난감하다. 속수무책이다.

M

[妈拉(个)巴子] mā lā (gè) bā zi
바보, 얼간이, 멍텅구리.

[妈妈大全] mā mā dà quán
① 관습 미신이나 잡다한 일을 모아 놓은 책. ② (어머니가 아들에게 하는) 잔소리. 잔말.

[麻抽抽儿的脸] má chōu chour de liǎn
몹시 얽은 얼굴.

[麻雀虽小, 五脏俱全] mǎ què suī xiǎo, wǔ zàng jù quán
참새가 비록 작아도 오장육부는 다 갖추고 있다. ① 지렁이도 밟으면 꿈틀하다.(麻雀虽小, 肝胆俱全)

[马不得夜草不肥] mǎ bù dé yè cǎo bù féi
말은 밤에 풀을 먹지 않으면 살찌지 않는다. 사람은 좋은 수가 없으면 부자가 될 수 없다.

[马瘦毛长, 人贫志短] mǎ shòu máo cháng, rén pín zhì duǎn
말이 여위면 털이 길어지고 사람이 가난하면 뜻이 작아진다.

[马尾儿穿豆腐] mǎ yǐr chuān dòu fu
말총으로 두부를 꿰어서는 들어 올릴 수 없다. 되지도 않을 말

을 하다.

[蚂蚁搬泰山] mǎ yǐ bān tài shān

개미가 태산을 옮기다. 군중의 힘은 매우 커서 큰일을 해낼 수 있다.

[骂人的不高，挨骂的不低] mà rén de bù gāo, ái mà de bù dī

욕하는 자가 잘난 것도 아니고, 욕을 먹는 자가 못난 것도 아니다.

[买椟还珠] mǎi dú huán zhū

구슬상자를 사고 주옥을 되돌려 주다. 안목(眼目)이 없어 취사선택(取舍选择)을 잘못하다. 쓸모없는데 현혹되어 일을 그르치다.

[买马看母] mǎi mǎ kàn mǔ

말을 살 때에는 어미 말을 보아야 하다. 자식을 알려면 부모를 보아야 하다.

[迈方步(儿)] mài fāng bù(r)

거드름을 피우며 팔자걸음을 걷다.

[卖弄风情] mài nòng fēng qíng

아양(교태)을 부리다.

[卖席睡炕] mài xí shuì kàng

돗자리 장사를 하면서 구들바닥에서 자다. 신발장사가 맨발로 다닌다.

[卖油娘子水梳头] mài yóu niáng zi shuǐ shū tóu

기름 파는 여자가 맹물로 머리를 빗다. 목수 집에 걸상 하나 없다.

[蛮法三千，道理一个] mán fǎ sān qiān, dào lǐ yī gè

되는대로 하려면 방법은 얼마든지 있지만 도리에 맞는 방법은 하나밖에 없다.

[瞒得住人, 瞒不过天] mán de zhù rén, mán bù guò tiān
사람은 속일 수 있어도 하늘은 속일 수 없다.

[瞒上不瞒下] mán shàng bù mán xià
윗사람은 속일 수 있어도 아랫사람은 속일 수 없다.

[满城风雨] mǎn chéng fēng yǔ
(주로 나쁜 소문으로 하여) 여론이 분분하다. 소문이 자자하다.

[满而不溢] mǎn ér bù yì
돈이 많아도 으스대지 않다. 재주가 많아도 뽐내지 않다. 가득 차도 넘치지 않다.

[满瓶不响, 半瓶叮当] mǎn píng bù xiǎng, bàn píng dīng dāng
가득 들어 있는 병에서는 소리가 나지 않는데, 반밖에 채워지지 않은 병에서 소리가 난다.

[满招损, 谦受益] mǎn zhāo sǔn, qiān shòu yì
교만하면 손해보고 겸손하면 이익을 본다.

[慢工出巧匠] màn gōng chū qiǎo jiàng
일을 천천히 (꼼꼼하게) 해야 정교한 작품이 나온다.(慢工出细活)

[忙里偷闲] máng lǐ tōu xián
망중한(忙中闲)을 즐기다. 바쁜 중에서도 짬을 내다.(忙中偷闲)

[忙行无好步] máng xíng wú hǎo bù
서둘러서 일을 망친다.

[忙中有错] máng zhōng yǒu cuò

바빠 서둘면 실수가 생긴다. 급히 먹는 밥이 체한다.

[盲人摸象] máng rén mō xiàng

장님 코끼리 만지기. 부분만 알고 전체를 알지 못하다.(瞎子摸象)

[盲人(骑)瞎马] máng rén (qí) xiā mǎ

장님이 눈먼 말을 타고 벼랑가기. 매우 위험한 일을 하다.

[猫哭耗子] māo kū hào zi

고양이가 쥐를 위해 울다. 고양이 쥐 생각.(猫哭老鼠)

[猫鼠同眠] māo shǔ tóng mián

고양이와 쥐가 함께 자다. 상하(上下)가 서로 결탁하여 나쁜 짓을 하다.

[猫枕大头鱼] māo zhěn dà tóu yú

고양이가 대구를 베고 자다. 먹지는 않더라도 한번 건드려보다.

[毛脚女婿] máo jiǎ nǚ xù

약혼하고 결혼 전에 처가에 자주 드나드는 경박한 사위.

[貌合神离] mào hé shén lí

겉으로는 친한 것 같지만 실은 소원(疏远)하다.(貌合心离)

[没缝儿不下蛆] méi fèngr bù xià qū

빈틈이 없는 곳에 구더기는 생기지 않는다.

[没脑袋苍蝇] méi nǎo dài cāng ying

머리가 없는 파리. 목적도 없이 괜스레 돌아다니는 사람.

[没有卖后悔药儿的] méi yǒu mài hòu huǐ yàor de

후회에 쓰는 약을 파는 사람은 없다. 나중에 후회하지 말고 사전에 신중해야 한다.

[没有十里地碰不见秃子的] méi yǒu shí lǐ dì pèng bù jiàn tū zi de
십리길을 가노라면 대머리를 꼭 만나게 된다.

[眉毛胡子一把抓] méi máo hú zi yī bǎ zhuā
눈썹과 수염을 한꺼번에 잡으려고 한다. 경중우열을 가리지 않고 한꺼번에 처리하려 하다.

[美人扇嘴, 文人扇胸, 武人扇肚, 轿夫扇裆] měi rén shān zuǐ, wén rén shān xiōng, wǔ rén shān dù, jiào fū shān dāng
미인은 입을 부치고, 문인은 가슴을 부치며, 무인은 배에 부채질하고, 교자꾼은 가랑이에 부채질한다.

[美中不足] měi zhōng bù zú
훌륭한 가운데에도 조금 모자라는 점이 있다. 옥에도 티가 있다.

[门可罗雀] mén kě luó què
문 앞에 그물을 쳐 참새를 잡을 정도다. 방문객이 거의 없어 적막하다.(门可张罗)

[扪虱而谈] mén shī ér tán
이를 잡으며 이야기하다. 태연하고 여유로우며 거리낌 없다.

[扪心自问] mén xīn zì wèn
가슴에 손을 얹고 스스로 반성하다.

[蒙古大夫] měng gǔ dài fū
옛날 돌팔이 의사.(江湖大夫) (江湖郎中)

[孟母三迁] mèng mǔ sān qiān
맹모삼천. 맹자(孟子)의 어머니가 아들의 교육을 위하여 환경

111

의 좋은 곳을 찾아 세 번이나 이사했다는 고사(故事).

[苗而不秀] miáo ér bù xiù

모종은 좋으나 열매가 없다. 자질은 있으나 성공하지 못하다.
(秀而不实)

[妙笔生花] miào bǐ shēng huā

재주가 뛰어난 사람이 훌륭한 작품을 창작해내다.(妙手生花)

[妙手回春] miào shǒu huí chūn

(의사의) 탁월한 솜씨로 건강을 되찾다. 의사의 훌륭한 솜씨를
일컫는 말.(着手成春)

[明枪易朵, 暗箭难防] míng qiāng yì duǒ, àn jiàn nán fáng

보이는 곳에서 날아오는 창은 피하기 쉽지만 몰래 쏘는 화살은
막아내기 어렵다.

[明有王法，暗有神] míng yǒu wáng fǎ, àn yǒu shén

사람의 눈이 닿는 곳에는 법이 있고 닿지 않는 어두운 곳에는
신이 있다. 음모를 꾸미거나 나쁜 짓을 하면 그 어디서나 벌을
받기 마련이다.

[磨杵成针] mó chǔ chéng zhēn

쇠공이를 갈아서 바늘을 만들다. 끈기 있게 노력하면 무슨 일이
든 이룬다.(铁杵(磨)成针)

[磨穿铁砚] mó chuān tiě yàn

쇠 벼루를 갈아서 구멍을 뚫다. 게으름 없이 학문에 정열을 쏟다.

[魔高一尺，道高一丈] mó gāo yī chǐ, dào gāo yī zhàng

마(魔)가 한자 높아지면 도(道)는 한 장(丈)높아진다. 나쁜 마음
이 옳은 마음을 이기지 못한다.

[沐猴而冠] mù hóu ér guàn

원숭이가 모자를 쓰고 사람처럼 꾸미다. 외관만 훌륭하고 속은 완전히 엉터리.

[目不见睫] mù bù jiàn jié

제 눈에 제 눈썹이 보이지 않는다. 자기 허물을 자기가 잘 모른다. 도끼가 제 자루 못 찍는다.

[目不识丁] mù bù shí dīng

낫 놓고 기역자도 모른다.(瞎字不识) (不识一丁)

[目濡耳染] mù rú ěr rǎn

서당 개 3년에 풍월을 한다.

[幕天席地] mù tiān xí dì

하늘을 장막으로 삼고 땅을 자리로 삼다. ① 막천석지. 지기(志气)가 매우 웅대하다. ② 풍찬노숙하다.

[暮鼓晨钟] mù gǔ chén zhōng

(절에서) 저녁에 울리는 북과 새벽에 치는 종. ① 스님들의 적적한 생활. ② 사람을 깨우쳐주는 말.(晨钟暮鼓)

N

[**男不拜月, 女不祭灶**] nán bù bài yuè, nǚ bù jì zào

남자는 달에 절하지 않고 여자는 부뚜막 신에게 제사를 지내지 않는다.

[**南船北马**] nán chuán běi mǎ

남선북마.(옛날 중국의 교통수단은 남부는 주로 배를 이용하고 북부는 주로 말을 이용한데서 온 말.

[**南橘北枳**] nán jú běi zhǐ

강남에는 귤나무, 강북에는 탱자나무. 장소가 바뀌면 물건도 바뀐다.

[**南柯一梦**] nán kē yī mèng

남가일몽. 꿈과 같이 헛된 한때의 부귀와 영화

[**南辕北辙**] nán yuán běi zhé

수레 채는 남쪽으로 바퀴자국은 북쪽으로. 남쪽으로 가려는 사람이 북쪽으로 수레를 몰다.(행동과 목적이 서로 맞지 않거나 일의 결과가 의도와는 반대로 진행됨을 뜻함.)

[**难念的经**] nán niàn de jīng

① 어려운 경서. ② (입 밖에 내기 힘든) 곤란한 일.(家家都有一本难念的经)

[难舍难分] nán shě nán fēn
　연연해하며 헤어지기 싫어하다. 차마 떨어지지 못하다.

[难言之隐] nán yán zhī yǐn
　말 못할 사정. 털어놓기 어려운 이야기

[难兄难弟] nàn xiōng nàn dì
　생사고락을 함께 한 사람.

[囊萤映雪] náng yíng yìng xuě
　형설지공(萤雪之功). 갖은 고생을 하며 학문을 닦다.(囊萤照书)

[囊中之锥] náng zhōng zhī zhuī
　낭중지추(锥囊). 주머니 속에 든 송곳이 뾰족하여 밖으로 나오
　는 것 같이 재능이 뛰어난 사람은 그 재능이 반드시 나타난다.

[内八字脚] nèi bā zì jiǎo
　안짱다리

[嫩夫嫩妻] nèn fū nèn qī
　신혼부부.

[能折不弯] néng zhé bù wān
　꺾일지언정 굴복하지 않는다.

[拈花微笑, 以心传心] niān huā weī xiào, yǐ xīn chuán xīn
　염화미소. 이심전심.

[鸟尽弓藏] niǎo jìn gōng cáng
　새를 다 잡으면 활은 창고에 두어진다.(飞鸟尽良弓藏) (兔死
　狗烹)

[宁死不屈] nìng sǐ bù qū
　죽을지언정 굴복하지 않는다.

115

[牛鼻子老道] niú bí zi lǎo dào

낯가죽이 두꺼운 놈. 산전수전을 다 겪은 경험이 많고 교활한 사람.(老奸巨猾)

[牛吃稻草鴨吃谷] niú chī dào cǎo yā chī gǔ

소는 볏집을 먹고 오리는 곡식을 먹는다. 사람 팔자는 정해져 있는 법이다.

[牛鼎烹雞] niú dǐng pēng jī

소 삶는 가마에 닭을 삶다. 큰 인재를 낮은 자리에 쓰다.

[牛驥共牢] niú jì gòng láo

소와 준마를 같은 구유로 키우다.(牛驥同皂) (牛驥一皂)

[牛瘦角不瘦] niú shòu jiǎo bù shòu

소는 여위었어도 쇠뿔은 여위지 않는다. 부자가 망해도 3년 간다.

[弄鬼弄神] nòng guǐ nòng shén

흉계를 꾸미다. 농간을 부리다.(弄神弄鬼)

[弄巧成拙] nòng qiǎo chéng zhuō

재주를 피우려다 일을 망치다.

[女大三, 抱金砖] nǚ dà sān bào jīn zhuān

결혼에 있어서 여자가 세 살 위면 운이 좋다.

[糯米不是米, 女人不是人] nuò mǐ bù shì mǐ, nǚ rén bù shì rén

찹쌀은 쌀이 아니고 여자는 사람이 아니다. 여자는 반몫이다. (주로 부정적으로 쓰임)

O

[藕断丝连] ǒu duàn sī lián

연뿌리는 끊어져도 실은 이어진다. 관계가 끊어진 듯하나 미련이 남아 있어 관계를 철저히 끊지 않다.(藕断丝不断) (藕丝不断)

P

[怕前怕后] pà qián pà hòu

무서워서 이러지도 저러지도 못한다.(怕三怕四)

[拍马挨踢] pāi mǎ ái tī

말을 쓰다듬다 뒷발에 차이다. 아첨 하다가 오히려 상대방의 기분을 상하게 하다.

[攀得高, 跌得重] pān de gāo, diē de zhòng

높은데 오르면 떨어질 때의 충격도 크다. 너무 출세하려고 하면 실패도 크다.

[攀龙附凤] pān lóng fù fèng

권세 있는 사람에게 아첨하여 달라붙다.

[抛针引线] pāo zhēn yǐn xiàn

바늘을 던져 실을 꿰다. 절대로 불가능 하다.

[跑了和商跑不了庙] pǎo le hé shang pǎo bù liǎo miào

중은 도망하더라도 절은 도망할 수 없다. 어쨌든 도망할 수는 없다.(走了和尚走不了庙)

[鹏程万里] péng chéng wàn lǐ

전도가 양양하다. 장래가 유망하다.

[捧你碗, 由你管] pěng nǐ wǎn, yóu nǐ guǎn

남의 밥을 얻어먹으려면 남의 말도 들어 주어야 한다.

[碰鼻子拐弯儿] pèng bí zi guǎi wānr

눈치가 빠르지 못하다. 근시안적이다. 예견력이 없다.

[披肝沥胆] pī gān lì dǎn

속을 털어 놓고 대하다. 심중을 피력하다.(披肝露胆)

[蚍蜉撼大树] pí fú hàn dà shù

왕개미가 큰 나무를 흔들어 움직이려 하다. 제 분수를 모르고 무모한 행동을 하다.

[屁股冒烟儿] pì gu mào yānr

관용 승용차를 타고 다닐 수 있는 고급 간부를 비유함.

[漂萍无定] piāo píng wú dìng

부평초처럼 정처 없이 떠돌아다니다.

[漂游四海] piāo yóu sì hǎi

정처 없이 온 세상을 떠돌아다니다.

[拼死吃河豚] pīn sǐ chī hé tún

생사의 갈림길에 처하게 되면 어떤 위험한 일도 한다.

[贫居闹市无人问, 富在深山有远亲] pín jū nào shì wú rén wèn, fù zài shēn shān yǒu yuǎn qīn

집이 가난하면 번화한 거리에 살아도 찾아오는 사람이 없고 집이 부유하면 깊은 산속에 살아도 먼 친척이 찾아온다.

[贫无立锥之地] pín wú lì zhuī zhī dì

가난하여 송곳을 꽂을 만한 땅도 없다. 가난하여 몸 둘 곳이 없다.

[贫字与贪字一样写] pín zì yǔ tān zì yī yàng xiě

가난할 빈(贫) 자와 탐할 탐(贪) 자를 같이 쓰다. 가난하면 둔해
진다.(人贫志短) (马瘦毛长)

[牝鸡司晨] pìn jī sī chén
암탉이 새벽을 알리다.

[牝牡骊黄] pìn mǔ lí huáng
(암컷인가, 수컷인가, 검은 말인가, 붉은 말인가 하는 것과 같은)
겉보기. 외관. 사물을 인식하는 데는 외관은 그렇게 중요한 것이
아니다.(赏识于… 之外) 사물을 볼 때 외관을 문제 삼지 않는다.)

[平步登天] píng bù dēng tiān
① 단번에 높은 지위에 오르다. ② 단번에 높은 수준에 오르다.
(平步登云) (平步青云) (平地登天)

[破镜重圆] pò jìng chóng yuán
헤어진 부부가 다시 결합하다.

[破磨配瘸驴] pò mò pèi qué lú
깨진 맷돌에는 절름발이 나귀가 제격이다. 헌 짚신도 제날이 좋
다.(주로 조건이 좋지 않은 부부가 그런대로 조화를 이루고 있
음을 가리킴) (瘸驴配破磨)

[破死忘魂] pó sǐ wàng hún
자신을 돌보지 않다. 목숨을 내걸다.(破死忘生)

[剖腹藏珠] pōu fù cáng zhū
자기 배를 갈라서 보석을 숨기다. 생명보다 재산을 더 소중히
여기다.

[璞玉浑金] pú yù hún jīn
아직 다듬지 않은 옥과 금. ① 꾸밈이 없는 자연 그대로의 아름
다움. ② 소박한 성품.(浑金璞玉)

Q

[七病八痛] qī bìng bā tòng

　자주 병을 앓다

[七步成诗] qī bù chéng shī

　일곱 발자국 걷는 사이에 시(诗) 한 수를 짓다. 시제 또는 생각
　하는 것이 민첩하다. 위(魏)나라의 문제(文帝)가 아우 조식(曹
　植)을 제거하려고 일곱 걸음을 걷는 동안에 시 한 수를 짓지 않
　으면 처형한다고 명령했는데 조식은 즉시 "煮豆燃豆萁, 豆在釜
　中泣, 本是同根生, 相煎何太急"라고 지었다는 고사(故事)에서
　나온 말임.(七步之才)

[七纵七擒] qī zòng qī qín

　칠종칠금.(제갈량(诸葛亮)이 남이(南夷)의 추장 맹획(孟获)을
　일곱 번 잡았다가 일곱 번 놓아주어 마침내 심복시켰다는 고
　사) (七擒七纵)

[栖凤之鸣] qī fèng zhī míng

　천하가 태평하다.

[歧路亡羊] qí lù wáng yáng

　갈림길이 많아 쫓던 양을 잃다. ① 학문의 길이 여러 갈래이므
　로 진리를 찾기 어렵다. ② 정세가 복잡하여 갈 바를 모르다.

[奇门遁甲] qí mén dùn jiǎ

기문둔갑.

[气冲斗牛] qì chōng dǒu niú

기세가 충천하다. 기세가 하늘을 찌를 듯하다.(气冲牛斗) (气贯斗牛) (气冲霄汉)

[气吞山河] qì tūn shān hé

기개(气概)가 산하를 삼킬 듯하다.(气壮山河)

[掐虱子养虮子] qiā shī zi yǎng jǐ zi

이는 죽이면서 서캐는 기르다. 하는 일이 철저하지 못하다.

[掐头去尾] qiā tóu qù wěi

거두절미하다.

[千兵易得, 一将难求] qiān bīng yì dé yī jiàng nán qiú

군졸은 얼마든지 얻을 수 있지만 장군이 될 만한 사람은 한사람도 구하기 어렵다.(千军易得, 一将难求)

[千里鹅毛] qiān lǐ é máo

천리 밖의 먼 곳에서 보내온 거위의 털. 선물은 비록 보잘것 없으나 정의(情意)는 두텁다.(千里送鹅毛) (千里送鹅毛, 礼轻情意重)

[千里之堤, 溃于蚁穴] qiān lǐ zhī dī, kuì yú yǐ xué

천리에 달하는 큰 제방도 개미구멍 하나로 인해 무너진다. 조그마한 일이라고 혹시 하면 더 큰 문제가 발생한다.(千里长堤溃于蚁穴)

[千里之行, 始于足下] qiān lǐ zhī xíng, shǐ yú zú xià

천리 길도 한 걸음부터 시작된다.

[千载一遇] qiān zǎi yī yù

천년의 긴 세월 동안 올까말까 하는 기회. 좀처럼 얻기 힘든 좋

은 기회.(千载难逢) (千载一时)

[牵强附会] qiān qiǎng fù huì

견강부회하다. 아무상관 없는 일끼리 억지로 끌어다 붙이다.(勉强比附)

[前人之失, 后人之鉴] qián rén zhī shī, hòu rén zhī jiàn

앞 사람의 실패는 뒷사람의 귀감이다.

[钱可通神] qián kě tōng shén

돈만 있으면 귀신도 부릴 수 있다.(钱可使鬼) (钱能通神) (有钱能使鬼推磨)

[乾坤一掷] qián kūn yī zhì

건곤일척. 운명과 흥망을 걸고 전력을 다하며 마지막 승부나 성패를 겨루다.

[潜心静气] qián xīn jìng qì

마음을 가라앉히고 전심전력하다. 일심전력하다.

[强横霸道] qiáng hèng bà dào

세력을 믿고 잔악무도한 짓을 하다. (横行霸道) (强凶霸道)

[强中自有强中手] qiáng zhōng zì yǒu qiáng zhōng shǒu

강한 자 위에 더 강한 자가 있다. 하늘 위에 하늘이 있다. 뛰는 놈 위에 나는 놈이 있다.(一尺的蝎子, 碰见丈八的蜈蚣)

[墙头草, 两边倒] qiáng tóu cǎo liǎng biān dǎo

담 꼭대기의 풀이 양쪽으로 휘어지다. 양다리를 걸치다.

[墙有缝, 壁有耳] qiáng yǒu fèng, bì yǒu ěr

담에 눈이 있고 벽에 귀가 있다. 낮말은 새가 듣고 밤 말은 쥐가 듣는다.(隔墙有耳)

[敲锣打鼓] qiāo luó dǎ gǔ
징을 치고 북을 울리다. 야단법석을 떨다.(敲锣击鼓)

[敲山震虎] qiāo shān zhèn hǔ
산을 두드려 범을 놀라게 하다. 넌지시 (간접적으로) 위협하다
(으르다).

[俏摆春风] qiào bǎi chūn fēng
(부인의) 세련되고 맵시 있는 걸음걸이.

[俏皮麻子] qiào pí má zi
살짝 곰보. 귀염성 있게 얽은 곰보.

[窍门四两拨千斤] qiào mén sì liǎng bō qiān jīn
비결을 얻으면 큰 성과를 낼 수 있다.

[切磋琢磨] qiē cuō zhuó mó
(학문 따위를) 서로 토론하고 연구하다.(切磋研磨) 절차탁마.

[切肉不离皮] qiē ròu bù lí pí
육친의 정은 끊을래야 끊을 수가 없다.

[切齿腐心] qiè chǐ fǔ xīn
절치부심하다. 복수에 뜻을 두고 이를 갈며 속을 썩이다.

[切齿痛恨] qiè chǐ tòng hèn
이를 갈며 증오하다.

[切齿之仇] qiè chǐ zhī chóu
매우 깊은 원한.

[切肤之痛] qiè fū zhī tòng
직접적인 절실한 고통.

[窃玉偷香] qiè yù tōu xiāng

남녀가 몰래 서로 정을 통하다.

[妾意郎情] qiè yì láng qíng

젊은 남녀 사이의 사랑.

[嗛乡下老儿] qiè xiāng xià lǎor

촌뜨기. 시골내기.

[亲的己的] qīn de jǐ de

살붙이. 지극히 가까운 친척.

[亲爹热妈] qīn diē rè mā

친부모.

[亲朋故友] qīn péng gù yǒu

친한 친구와 옛 친구.

[擒龙要下海, 打虎要上山] qín lóng yào xià hǎi, dǎ hǔ yào shàng shān

용을 잡으려면 바다에 가야하고 범을 잡으려면 산에 가야 한다.

[寝苫枕块] qǐn shān zhěn kuài

거적 위에서 자고 흙덩이를 베개로 삼다. 부모의 상중에 자식된 자가 땅속에 있는 어버이를 애도하다.

[沁人肺腑] qìn rén fèi fǔ

마음속에 깊이 스며들어 신선한 감동을 주다.(沁人心腑) (沁人心脾)

[青出于蓝] qīng chū yú lán

쪽에서 나온 푸른 물감이 쪽보다 더 푸르다. 제자가 스승보다 더 낫다.

[青红皂白] qīng hóng zào bái

옳고 그른 것. 흑백. 시비곡직. 사건의 진상.

[**青黄不接**] qīng huáng bù jiē
① 묵은 곡식은 다 떨어지고 햇곡식이 아직 수확되지 않은 단경기(端境期), 보릿고개. 춘궁기. ② 인력, 재력, 물자 따위의 공백상태.

[**青梅竹马**] qīng méi zhú mǎ
① 남녀 아이들이 천진난만하게 소꿉장난하다. ② 소꿉동무. ③ 소꿉장난하던 어린 시절.

[**青磬红鱼**] qīng qìng hóng yú
석경과 목어를 두드리며 생활하다. 출가(出家)하다.

[**青天白日**] qīng tiān bái rì
① 광명(光明), 청명(清明). ② 구름 한 점 없는 맑은 날씨. ③ 대낮. ④ 명백한 일. ⑤ 청렴(고결)한 품격. ⑥ 청천백일. 중국국민당의 상징.

[**倾城倾国**] qīng chéng qīng gúo
경국(倾国)의 미인. 절세의 미인.(倾城之貌) (倾城美人) (倾城之美人) (倾国之色)

[**倾盆大雨**] qīng pén dà yǔ
물을 퍼붓듯 세차게 내리는 비.

[**情不答，义不答**] qíng bù dá, yì bù dá
배은망덕하다.

[**情窦初开**] qíng dòu chū kāi
사춘기가 되다. (처녀가) 사랑에 눈뜨기 시작하다.(开窍儿)

[**情急生智**] qíng jí shēng zhì
다급하면 좋은 생각이 떠오르다. 궁하면 통한다.(情急智生)

126

[情人眼里出西施] qíng ré yǎn lǐ chū xī shī

사랑하는 사람의 눈에는 서시(西施)가 나타난다. 사랑하면 마마자국도 보조개로 보인다.

[情深潭水] qíng shēn tán shuǐ

우정은 도화담(桃花潭)의 물보다 깊다. 우정이 매우 깊다.(이백(李白)의 시구 "桃花潭水深千尺, 不及汪伦送我情.(도화담의 물 깊이가 천 길이라지만 왕륜이 나를 송별하는 정만큼은 못하는구나.)"에서 유래함.

[情随事迁] qíng suí shì qiān

사정이 바뀌면 마음도 따라 변하다. 환경의 변화에 따라 감정도 변하다.

[晴天不肯走, 直待雨淋头] qíng tiān bù kěn zǒu, zhí dài yǔ lín tóu

날이 개일 때는 가지 않고 비 올 때를 기다리다. (敬酒不吃, 吃罚酒)

[擎吃擎喝] qíng chī qíng hē

하는 일 없이 밥만 축내다. 무위도식하다.

[请君入瓮] qǐng jūn rù wèng

어서 항아리 속에 드십시오. 자신이 정한 엄한 규칙이나 금지조항에 자기 자신이 걸려든다. 제 도끼에 제 발등 찍힌다.

[穷当益坚] qióng dāng yì jiān

곤궁할수록 뜻을 더욱 굳게 가져야 한다.

[穷家富路] qióng jiā fù lù

집에서는 검소하게 살아야 하고, 길을 떠날 때에는 노자를 충분히 가져야 한다.

[穷寇勿追] qióng kòu wù zhuī
궁지에 몰린 적을 쫓지 말라.

[穷鸟人怀] qióng niǎo rù huái
쫓겨 달아날 곳 없는 새가 사람의 품안으로 날아들다.

[穷鼠啮猫] qióng shǔ niè māo
쥐도 궁지에 몰리면 고양이를 문다.

[穷酸臭美] qióng suān chòu měi
초라한 주제에 잘난 체하다.

[穷则思变] qióng zé sī biàn
궁하면 변혁할 생각을 한다.

[丘八] qiū bā
병사(兵士). 병(兵)자를 파자(破字)하면 丘와 八가 되는 데서 이
르는 말.)

[求浆得酒] qiú jiāng dé jiǔ
기대 이상의 이득을 얻다.

[求全之毁] qiú quán zhī huǐ
완전하게 하려다 오히려 뜻밖에 욕설을 남에게서 듣다.

[求仁得仁] qiú rén dé rén
원하는 것을 얻다. 소원대로 되다.

[求荣反辱] qiú róng fǎn rǔ
영달을 구하려다가 도리어 치욕을 당하다.

[求同存异] qiú tóng cún yì
일치하는 점은 취하고, 의견이 서로 다른 점은 잠시 보류하다.
(求大同, 存小异)

[求妍更媸] qiú yán gēng chī
미인을 구하려다가 도리어 추녀를 만나다.

[曲学阿世] qū xué ē shì
진리에 어긋나는 학문으로 세상 사람들의 환심을 사려하다.

[曲意逢迎] qū yì féng yíng
자기의 뜻을 굽혀서 남의 의견에 영합하다. 갖은 방법으로 남에
게 아첨하다.(曲意承欢)

[全身跌下井，耳朵挂不住] quán shēn diē xià jǐng, ěr duō
guà bù zhù
온몸이 우물 속에 떨어지면 귀를 당겨서는 건져낼 수 없다. 너
무 늦으면 회복하기 어렵다

[缺口镊子] quē kǒu niè zi
이 빠진 족집게. (솜털 하나도 뽑지 않는) 지독한 구두쇠. (뒤에
一毛不拔가 이어지기도 함.

[却之不恭，受之有愧] què zhī bù gōng shòu zhī yǒu kuì
다른 사람의 선물, 요청 따위를 거절하자니 실례 같고 받자니
쑥스럽다.

[雀角鼠牙] què jiǎo shǔ yá
소송, 쟁론, 송사.(雀鼠之争) (鼠牙雀角)

[雀屏中目] què píng zhòng mù
사윗감으로 선발되다.

[鹊巢鸠占] què cháo jiū zhàn
까치집을 비둘기가 차지하다. 남의 지위, 집, 토지 등을 강점(强
占)하다.

[鹊笑鸠舞] què xiào jiū wǔ
까치가 웃고 비둘기가 춤을 추다. 매우 경사스럽다.

[群分类聚] qún fēn lèi jù
다른 것은 흩어지고 같은 것은 모이다.(分门别类)

[群龙无首] qún lóng wú shǒu
뭇 용에 우두머리가 없다. 한 무리의 사람들에 지도자가 없다.
(无将之卒)

[群魔乱舞] qún mó luàn wǔ
뭇 마귀가 어지러이 춤을 추다. 악당들이 마구 날뛰다.

[群轻折轴] qún qīng zhé zhóu
가벼운 것도 많이 쌓이면 수레의 굴대를 부러뜨리다. 조그마한
나쁜 일이라도 내버려두면 심각한 결과를 초래하다.

[群蚁附膻] qún yǐ fù shān
뭇 개미가 양고기에 달라붙다. 뭇 사람이 이익에만 쏠리다.

R

[燃眉之急] rán méi zhī jí

초미지급(焦眉之急). 아주 급한 일.

[让高山低头, 叫河水让路] ràng gāo shān dī tóu, jiào hé shuǐ ràng lù

높은 산도 머리를 숙이게 하고, 강물도 길을 내어 주게 하다. 인력으로 자연을 정복하다.

[让行不让力] ràng háng bù ràng lì

전문가에게는 싸게 팔고, 모르는 사람에게는 바가지를 씌우다.

[让枣推梨] ràng zǎo tuī lí

대추와 배를 서로 권하고 사양하다. 우정이나 우애가 두텁다. (推梨让枣)

[人不亏地, 地不亏人] rén bù kuī dì, dì bù kuī rén

부지런한 농사꾼에게는 나쁜 땅이 없다. 토지는 공을 들인 만큼 그 보답을 한다.(人勤地不懒)

[人不留人, 天留人] rén bù liú rén, tiān liú rén

사람이 사람을 만류하지 않아도 하늘이 사람을 머물게 한다. 마치 손님을 못가게라도 하듯 때마침 비가 내리다.

[人不求人一般大] rén bù qiú rén yī bān dà

사람은 남에게 도움을 구하지 않으면 누구나 다 동등하다,

[人不说不知, 木不钻不透] rén bù shuō bù zhī, mù bù zuān
bù tòu
사람은 말하지 않으면 알 수 없고, 나무는 뚫지 않으면 구멍이
나지 않는다. 툭 터놓고 말을 해야 의사가 통할 수 있다.

[人不为己, 天诛地灭] rén bù wèi jǐ, tiān zhū dì miè
사람은 자기 자신을 위하지 않으면, 하느님과 염라대왕이 그를
멸망시킨다.

[人的名儿, 树的影儿] rén de míngr, shù de yǐngr
사람의 이름은 나무 그림자와 같아서 곧으면 곧게, 굽으면 굽은
대로 나타나는 법이다. 사람에게는 좋든 나쁘든 평판이 따르기
마련이다.(人有名, 树有影)

[人钝人上磨, 刀钝石上磨] rén dùn rén shàng mó, dāo dùn
shí shàng mó
사람이 둔하면 사람 속에서 단련시켜야 하며, 칼날이 무디면 숫
돌에 갈아야 하다.

[人多出韩信] rén duō chū hán xìn
사람이 많으면 한신 같은 모사(谋士)도 나온다.

[人多好做活, 人少好吃饭] rén duō hǎo zuò huó, rén shǎo hǎo
chī fàn
일손이 많으면 일이 잘 진척되고, 사람이 적으면 밥 먹기가 쉽
다.(人多好做事, 人少好吃饭)

[人多就乱, 龙多就旱] rén duō jiù luàn, lóng duō jiù hàn
사람이 많으면 혼란해지고 용이 많으면 가문다.(人多心不齐, 鹅
卵石挤掉皮) (木匠多了盖歪了房)

[人多嘴杂] rén duō zuǐ zá

사람이 많으면 의견이 구구하다.

[人急造反, 狗急跳墙] rén jí zào fǎn, gǒu jí tiào qiáng

사람이 궁지에 몰리면 반역을 하고, 개가 궁지에 몰리면 담을 뛰어넘는다.

[人急智生] rén jí zhì shēng

사람이 급하게 되면 계략(꾀)이 생겨난다. 위급할 때에 지혜가 생겨나다.(人急生计)

[人家偷牛, 我拔橛儿] rén jiā tōu niú, wǒ bá juér

남이 소를 훔치는데 나는 말뚝을 뽑아준다. 남이 나쁜 짓 하는데 심부름 하다가 저 혼자 누명을 뒤집어쓰다.

[人间私语, 天闻若雷] rén jiān sī yǔ, tiān wén ruò léi

인간 세상에서 속삭이는 말도 하늘은 우레 소리 듣듯 잘 알고 있다.

[人敬富的, 狗咬破的] rén jìng fù de, gǒu yǎo pò de

사람은 부자를 존경하고 개는 누더기를 걸친 사람을 문다.

[人老精, 姜老辣] rén lǎo jīng, jiāng lǎo là

사람은 나이가 들수록 지혜로워지고, 생강은 오래 될수록 매워진다.

[人老珠黄不值钱] rén lǎo zhū huáng bù zhí qián

사람(여자)은 늙어지면 쓸모가 없어지고 구슬은 누렇게 퇴색하면 가치가 없어진다.(人老珠黄)

[人面桃花] rén miàn táo huā

한번 떠난 애모하는 사람은 다시 만나지 못한다. 人面不知何处去, 桃花依旧笑春风에서 온 말.

133

[人怕出名, 猪怕肥] rén pà chū míng. zhū pà féi
　　사람은 (화의 근원이 되기 때문에) 이름이 나는 것을 두려워
　　하고, 돼지는 (도살되기 때문에) 살찌는 것을 두려워한다. ①
　　모난 돌이 정 맞는다. ② 이름이 나는 것을 싫어하다.(人怕出
　　名, 猪怕壮)

[人贫志短] rén pín zhì duǎn
　　사람이 가난하면 뜻이 초라해진다.(人贫志短, 马瘦毛长)

[人穷呼天] rén qióng hū tiān
　　급하면 하느님을 부른다.(急时抱佛脚)

[人善被人欺, 马善被人骑] rén shàn bèi rén qī, mǎ shàn bèi
　　rén qí
　　사람이 착하면 남에게 속고, 말이 온순하면 사람이 타게 마
　　련이다.

[人上有人, 天上有天] rén shàng yǒu rén, tiān shàng yǒu tiān
　　사람 위에 사람이 있고 하늘 위에 하늘이 있다. 뛰는 놈 위에
　　나는 놈 있다.(人外有人, 天外有天)

[人生五福寿为先] rén shēng wǔ fú shòu wéi xiān
　　인생 오복 중에 장수(长寿)가 제일이다.

[人生在世, 吃穿二字] rén shēng zài shì, chī chuān èr zì
　　세상에 사는 데는 먹을 것과 입는 것이 제일이다.

[人是旧的好, 衣裳是新的好] rén shì jiù de hǎo, yī shāng shì
　　xīn de hǎo
　　친구는 옛 친구가 좋고 옷은 새 옷이 좋다.

[人是苦虫, 不打不成人] rén shì kǔ chóng, bù dǎ bù chéng
　　rén

사람은 원래 고생하는 것, 때리지 않으면 쓸모 있는 사람이 되지 못한다. 귀한 자식은 매로 키워라.

[人是树桩, 全靠衣裳] rén shì shù zhuāng, quán kào yī shāng
사람은 나무 그루터기와도 같아서 옷만으로도 훌륭하게 보인다. 누구라도 옷만 잘 입으면 근사하다. 옷이 날개다.

[人是衣裳, 马是鞍] rén shì yī shāng, mǎ shì ān
사람은 옷이, 말은 안장이 좋아야 한다. 옷이 날개다.

[人随王法, 草随风] rén suí wáng fǎ, cǎo suí fēng
사람은 법을 따르고 풀은 바람을 따른다.

[人为财死, 鸟为食亡] rén wèi cái sǐ, niǎo wèi shí wáng
사람은 재물 때문에 목숨을 잃고, 새는 먹이 때문에 죽는다. 욕심이 사람을 죽인다. 돈이라면 목숨도 내건다.

[人无千日好, 花无百日红] rén wú qiān rì hǎo, huā wú bǎi rì hóng
사람은 천일을 하루같이 좋을 수 없고, 꽃은 백날을 좋게 피어 있을 수 없다. 달도 차면 기운다. 만사에 성쇠가 있다.

[人一己百] rén yī jǐ bǎi
남이 한번 하면 자기는 백번 한다.

[人有错手, 马有失蹄] rén yǒu cuò shǒu, mǎ yǒu shī tí
사람은 실수할 때가 있고, 말은 실족할 때가 있다. 원숭이도 나무에서 떨어질 때가 있다.

[人有旦夕祸福] rén yǒu dàn xī huò fú
인생의 화복은 헤아릴 수 없다. 사람의 일은 예측하기 어렵다. 天有不测之风云, 人有旦夕之祸福에서 온말.

[人有亏心事, 肚内不安宁] rén yǒu kuī xīn shì, dù nèi bù ān

135

níng

지은 죄가 있으면 뱃속이 편하지 못하다. 도둑이 제 발 저리다.

[人有脸, 树有皮] rén yǒu liǎn, shù yǒu pí

사람에게는 얼굴이 있고, 나무에게는 껍질이 있다. 사람은 누구나 체면(수치심)이 있다.(人人有脸, 树树有皮)

[人有千算, 不如老天爷一算] rén yǒu qiān suàn, bù rú lǎo tiān yé yí suàn

사람이 제아무리 지혜를 짜내도 하늘의 한 가지 계책에도 미치지 못한다. 악인(恶人)이 아무리 재주를 피워도 하늘의 응보를 면할 수 없다.

[人至察, 则无徒] rén zhì chá, zé wú tú

사람은 지나치게 깨끗하면(결백하면) 친구가 안 생긴다. 맑은 물에 고기가 안 논다.

[仁者乐山, 智者乐水] rén zhě lè shān, zhì zhě lè shuǐ

어진 사람은 (마음이 안정 불변이므로 변동 없는) 산을 즐기고 지혜로운 사람은 (마음이 항상 움직이므로 흐르는) 물을 즐긴다.

[仁者无敌, 暴政必败] rén zhě wú dí, bào zhèng bì bài

어진 사람은 (모든 사람을 사랑하므로) 적대하는 사람이 없고 포악한 정치는 반드시 망한다.

[任凭风浪起, 稳坐钓鱼船] rèn píng fēng làng qǐ, wěn zuò diào yú chuán

풍랑이 일어나도 침착하게 낚싯배를 타고 있다. 아무리 큰 변화가 일어나도 태연자약하다.

[任其自流] rèn qí zì liú

제 멋대로 버려두다. 마음대로 하도록 내버려두다.

[日近日亲, 日远日疏] rì jìn rì qīn, rì yuǎn rì shū
날마다 가까이 하는 사람은 날로 친해지고, 날마다 멀리하는
사람은 날로 소원해진다. 안 보면 멀어진다.

[日就月将] rì jiù yuè jiāng
나날이 진보발전하다. 일취월장하다.(月将日就)

[入国问禁] rù guó wèn jìn
다른 나라에 들어가면 먼저 그 곳의 금령(禁令)을 물어본다. 그
곳에 가면 그 곳의 풍속을 따라야 한다.(入境问禁) (入境问俗)
(入乡问忌) (入乡问俗) (入乡随俗) (随乡入乡)

[软刀子扎] ruǎn dāo zi zhā
부드러운 칼로 찌르다. 은근히 골탕 먹이다. 못살게 굴다.(软刀
子锯)

[软硬不吃] ruǎn yìng bù chī
얼려도 안 듣고 때려도 안 듣다. 아무 수단도 방법도 통하지 않
다.(软不吃, 硬不吃)

[若敖鬼馁] ruò áo guǐ něi
약오(若敖)씨의 귀신이 굶어죽다. 자손이 없어 제사 지내줄 사
람이 없음을 비유함.

S

[塞翁失马] sài wēng shī mǎ

새옹지마. 인간만사 새옹지마.

[三从四德] sān cóng sì dé

삼종사덕.(옛날 여자들이 따라야 할 세 가지 도(道)와 지켜야 할 네 가지 덕성(德性). 三从은 未嫁从父, 既嫁从夫, 夫死从子로서 시집가기 전에는 아버지를 따르고 시집을 가서 남편을 따르며 남편이 죽으면 아들을 따르는 것. 四德은 妇德, 妇言, 妇容, 妇功을 말함.

[三大火炉] sān dà huǒ lú

양자강 연안의 남경(南京), 무한(武汉), 중경(重庆)을 가리킴.

[三分人材, 七分打扮] sān fēn rén cái, qī fēn dǎ bàn

세 푼밖에 안 되는 인물도 옷을 잘 입으면 돋보인다. 옷이 날개다.

[三顾茅庐] sān gù máo lú

삼고초려(三顾草庐).

[三神山] sān shén shāu

삼신산. 신선이 살고 있다는 봉래산(蓬莱山), 방장산(方丈山), 영주산(瀛洲山)의 세 산.

[三十六计, 走为上计] sān shí liù jì, zǒu wéi shàng jì
삼십육계 줄행랑이 으뜸이다.(三十六策, 走为上策) (三十六着, 走为上着)

[三十年的寡妇] sān shí nián de guǎ fù
30년 과부. 능수꾼.(뒤에 "好守"가 이어지기도 함. 好守는 "好手"와 음이 같기도 함.)

[三岁看大, 七岁看老] sān suì kàn dà, qī suì kàn lǎo
될성부른 나무는 떡잎부터 알아본다. 열매 맺을 나무는 꽃필 때부터 알아본다.

[三阳开泰] sān yáng kāi tài
옛날 새해를 축하하는 말.

[三足鼎立] sān zú dǐng lì
세 사람 또는 세 나라가 세력 균형을 이루면서 대립하다.

[桑木扁担] sāng mù biǎn dān
뽕나무로 만든 멜대. 곧고 바른 사람.

[丧家之犬] sàng jiā zhī quǎn
상갓집의 개. 의지할 곳 없는 불쌍한 신세.

[僧来看佛面] sēng lái kàn fó miàn
중이 오면 부처의 얼굴을 보아 푸대접 하지 않는다.

[杀身成仁] shā shēn chéng rén
살신성인. 정의(이상)를 위해 목숨을 바치다.

[山穷水尽] shān qióng shuǐ jìn
막다른 골목에 몰리다. 이러지도 저러지도 못하게 되다.

[山上无老虎, 猴子称大王] shān shàng wú lǎo hǔ, hóu zi

chēng dà wáng

호랑이 없는 산에서는 살쾡이가 호랑이 노릇을 한다. 호랑이 없는 곳에서 토끼가 선생 노릇을 한다.

[山外青山楼外楼] shān wài qīng shān lóu wài lóu

산밖에 청산이 있고 누각 밖에 누각이 있다. 뛰는 놈 위에 나는 놈이 있다.

[山珍海味] shān zhēn hǎi wèi

산해진미.(山珍海错) (海错山珍)

[扇风点火] shān fēng diǎn huǒ

선동하여 사건을 일으키다. 남을 부추겨 나쁜 일을 하게 하다. (煽风点火)

[扇枕温被] shān zhěn wēn bèi

부모에 대한 효심이 지극하다.

[上梁不正,下梁歪] shàng liáng bù zhèng xià liáng wāi

마룻대가 바르지 않으면 아래 들보가 삐뚤어진다. 윗물이 맑아야 아랫물이 맑다.(上梁不正, 底梁歪)

[上忙下乱] shàng máng xià luàn

위가 안정되지 않으면 아래가 어지러워진다.

[上天无路, 入地无门] shàng tiān wú lù, rù dì wú mén

막다른 곳까지 몰려 도망갈 수가 없다.

[上有天堂, 下有苏杭] shàng yǒu tiān táng, xià yǒu sū háng

하늘에는 천당이 있고 땅에는 그와 필적할 만큼 아름다운 소주와 항주가 있다.

[上贼船容易, 下贼船难] shàng zéi chuán róng yì, xià zéi chuán nán

나쁜 일에 발을 들여놓기는 쉬워도 발을 빼기는 어렵다.

[舌蜜腹剑] shé mì fù jiàn

말은 달콤하나 뱃속에는 칼을 숨기고 있다. 말은 달콤하나 속셈은 음흉하다.

[蛇入竹筒, 曲性难改] shé rù zhú tǒng, qū xìng nán gǎi

뱀은 대통에 들어가도 굽는 성질은 고치기 어렵다. 버릇은 쉽게 고칠 수 없다. 세살 버릇 여든까지 간다.

[蛇钻的窟窿, 蛇知道] shé zuān de kū lōng, shé zhī dào

뱀이 뚫은 구멍은 뱀이 안다. 과부 사정은 과부가 안다.

[舍短取长] shě duǎn qǔ cháng

나쁜 점은 버리고 좋은 점은 취하다.

[舍己为公] shě jǐ wèi gōng

공공의 이익을 위하여 개인의 이익을 희생하다.

[舍生取义] shě shēng qǔ yì

정의를 위하여 목숨을 바치다.

[设身处地] shè shēn chǔ dì

입장을 바꾸어 생각하다.

[射石饮羽] shè shí yǐn yǔ

화살은 바위에 쏘아 궁깃까지 박히다. 무예가 매우 뛰어나다. 정신을 집중하면 안 되는 일이 없다.

[伸手(大)将军] shēn shǒu (dà) jiāng jūn

손을 내밀어 구걸을 하는 사람. 거지.

[伸小手儿] shēn xiǎo shǒur

(음식 또는 재물에) 침을 흘리다. 몹시 탐을 내다.

[身怀六甲] shēn huái liù jiǎ
임신하다. 아이를 배다.

[身轻言微] shēn qīng yán wēi
지위가 낮은 사람의 말은 무게가 없다. 신분이 낮으면 말이 서
지 않는다.

[身无长物] shēn wú cháng wù
집이 매우 가난하다. 서발 장대 거칠 것 없다.

[身子不方便] shēn zi bù fāng biàn
(임신하여) 몸이 불편하다.(身子不便)

[深山老林常有野兽出没] shēn shān lǎo lín cháng yǒu yě
shòu chū mò
심산의 울창한 숲에서는 늘 야수가 출몰한다.

[神差鬼使] shén chāi guǐ shǐ
귀신이 조화를 부리다. 귀신이 곡할 노릇이다.(鬼使神差) (神谋
魔道)

[神龙见首不见尾] shén lóng jiàn shǒu bù jiàn wěi
번개같이 나타났다가 구름같이 사라지다.

[生不逢时] shēng bù féng shí
좋은 때를 타고 나지 못하다.

[生根开花] shēng gēn kāi huā
뿌리를 내려 꽃을 피우다. 기초를 닦아서 결실을 맺다.

[生行莫人, 熟行莫出] shēng háng mò rù, shú háng mò chū
익숙지 않은 직업은 갖지 말고, 익숙한 직업으로부터는 떠나지
마라.

[生葫芦头] shēng hú lu tóu
익지 않은 과일. 풋과일. 미숙한 자. 풋내기(生手儿).

[生花之笔] shēng huā zhī bǐ
뛰어난 글재주. 아름다운 필치.(生花笔) (生花妙笔)

[生寄死归] shēng jì sǐ guī
삶은 이 세상에 잠시 머무는 것이고 죽음은 본집으로 돌아가는
것일 뿐이다. 생사를 예사로 여기다.

[生米煮成熟饭] shēng mǐ zhǔ chéng shú fàn
쌀이 이미 밥이 되었다. 엎지른 물이다.(生米做成熟饭) (木已
成舟)

[生死之交] shēng sǐ zhī jiāo
생사를 같이 하는 벗.

[生在苏州, 住在杭州, 吃在广州, 死在柳州] shēng zài sū
zhōu, zhù zài háng zhōu, chī zài guǎng zhōu, sǐ zài liǔ zhōu.
낳으려면 소주(苏州), 살려면 항주(杭州), 먹으려거든 광주(广
州), 죽을 때는 유주(柳州).

[声东击西] shēng dōng jī xī
동쪽에서 소리를 내고 서쪽을 치다. 이쪽을 치는 척 하면서 저
쪽을 치다. 기계(奇计)로써 허를 찌르다.(指东打西) (指东击西)

[声销迹匿] shēng xiāo jì nì
소리도 흔적도 없어지다. 자취를 감추다.(声销迹灭)

[声应气求] shēng yìng qì qiú
의기투합하다.(同声相应)

[声震八方] shēng zhèn bā fāng

명성이 사방에 울러 퍼지다.

[绳床瓦灶] shéng chuáng wǎ zào

　가난한 살림.

[绳锯木断] shéng jù mù duàn

　작은 힘이라도 끊임없이 노력하면 성공할 수 있다.

[绳趋尺步] shéng qū chǐ bù

　행동거지가 법도(法度)에 맞다.(尺步绳趋)

[圣人门前卖孝经] shèng rén mén qián mài xiào jīng

　부처님 앞에서 설법. 공자 앞에서 문자 쓰다.(孔子门前卖孝经)

[胜不骄, 败不馁] shèng bù jiāo, bài bù něi

　이겼다고 자만하지 않고, 졌다고 낙심 하지 않다.

[胜残去杀] shèng cán qù shā

　① 잔혹한 사람을 착하게 감화시켜 다시는 악을 행하지 않게 하다. ② 선정(善政)으로 백성을 모두 덕화(德化)시켜 태평치세(太平治世)를 이루다.(捐残去杀)

[失道寡助] shī dào guǎ zhù

　도를 잃으면 돕는 이가 적다. 대중의 편에 선다고 하는 대의(大义)를 잃으면 옹호하는 이가 없게 되다.(주로 得道多助에 이어 쓰기도 함).

[失群之雁] shī qún zhī yàn

　떼를 잃은 기러기. 같은 무리에서 홀로 떨어지다.

[失之毫厘, 谬以千里] shī zhī háo lí, miù yǐ qiān lǐ

　조그마한 실수가 큰 잘못을 저지르게 되다.(失之毫厘, 差以千里) (毫厘千里)

[失之交臂] shī zhī jiāo bì

눈앞에 있는 좋은 기회를 놓치고 말다.

[师傅领进门, 修行在各人] shī fu lǐng jìn mén, xiū xíng zài gè rén

사부님은 어떤 학문에 처음으로 입문하는 것을 도와줄 뿐이며 그 뒤에 수양은 각자에 달린 것이다.

[十个麻子九个俏] shí gè má zi jiǔ gè qiào

열 명의 곰보 중에 아홉은 잘 생겼다. 곰보치고 얼굴 바탕이 못 생긴 사람 없다.

[十个胖子九个富] shí gè pàng zi jiǔ gè fù

뚱뚱이 열사람에 아홉은 부자.

[十个手指头不能一般儿齐] shí gè shǒu zhǐ tóu bù néng yī bānr qí

열 손가락에도 길고 짧은 것이 있다. 사람이 능력에는 각각 차이가 있다.(十个手指头有长短)

[十官九胖] shí guān jiǔ pàng

벼슬아치 열중에 아홉 놈은 뚱뚱이.

[十目十手] shí mù shí shǒu

열 사람이 보고 열 사람이 손가락질 하는 바다. 많은 사람이 비판하는 바는 자못 엄정하여 그 비판 앞에서는 자기의 행위, 성질을 숨길 수 없다.

[十拿九稳] shí ná jiǔ wěn

손에 넣은 것이나 마찬가지로 확실하다.

[十年窗下] shí nián chuāng xià

십년 공부. 오랜 세월 부지런히 학문에 힘쓰다.(十年寒窗)

[十年树木, 百年树人] shí nián shù mù, bǎi nián shù rén
  나무를 기르는 데는 십년이 필요하고 인재를 육성하는 것은 백
  년대계로 결코 쉬운 일이 아니다.

[十全十美] shí quán shí měi
  완전무결하여 나무랄 데가 없다.

[十秃九诈] shí tū jiǔ zhà
  대머리 열 사람 중 아홉은 사기꾼.

[时不我待] shí bù wǒ dài
  시간은 나를 기다리지 않는다.

[时过境迁] shí guò jìng qiān
  시간이 흐르고 상황이 변하다.

[时不再来] shí bù zài lái
  흘러간 시간은 되돌아오지 않는다.

[时殊风异] shí shū fēng yì
  시대가 변하면 풍속도 다르다.(时移俗易)

[事后诸葛亮] shì hòu zhū gé liàng
  사건이 끝나고 나서 큰 소리 치다. 행차 뒤에 나팔이다.

[是猫变不得狗] shì māo biàn bù dé gǒu
  고양이가 개로 변할 수는 없다. 제 버릇 개 못준다.

[是亲三分向, 是火就热炕] shì qīn sān fēn xiàng, shì huǒ jiù
  rè kàng
  친족은 한집안, 불은 뜨거운 온돌. 신분이나 빈부의 차이는 있
  어도 친족은 한집안이다.

[释根灌枝] shì gēn quàn zhī

뿌리는 내버려 두고 가지에만 물을 주다. 본말(本末)을 전도(顛倒)하다.

[噬脐莫及] shì qí mò jí
후회막급.(사냥꾼에게 잡힌 사향노루가 배꼽 때문에 잡힌 것을 알고 배꼽을 물어뜯으려고 해도 입이 배꼽에 닿지 않아 소용없기 때문에, 후회해도 이미 늦다는 말.)

[手背朝下] shǒu bèi cháo xià
손등을 아래로 향하게 하다. 구걸하다.(手心朝上)

[手不老实] shǒu bù lǎo shí
손버릇이 나쁘다. 잘 훔치다.(手不稳)

[手不溜, 赖袄袖] shǒu bù liū, lài ǎo xiù
손재주가 없는 것을 옷소매 탓으로 돌리다. 자신이 하지 못하는 것을 남의 탓으로 돌리다. 소경이 넘어지면 지팡이 탓한다.

[手不释卷] shǒu bù shì juàn
책을 손에서 떼지 아니하다. 끊임없이 열심히 공부하다.

[手不沾面, 面不沾盆] shǒu bù zhān miàn, miàn bù zhān pén
(밀가루를 반죽하였는데) 손에도 묻지 않고 그릇에도 묻지 않다. 일을 깨끗이 처리하다.

[手大捂不过天来] shǒu dà wǔ bù guò tiān lái
손이 아무리 커도 하늘을 못 가린다. 아무리 능력 있는 사람도 혼자서는 큰일을 할 수 없다.(手大遮不过天去)

[手到病除] shǒu dào bìng chú
손이 닿기만 하면 병이 낫다. 의술이 아주 뛰어나다.

[手到擒拿] shǒu dào qín ná
손을 쓰면 곧 잡힌다. 식은 죽 먹기다.(手到擒来)

[手中有钱助腰眼] shǒu zhōng yǒu qián zhù yāo yǎn
  수중에 돈이 있으면 허리를 꼿꼿이 펼 수 있다. 돈이 있으면
  배짱이 두둑해진다.

[守女儿寡] shǒu nǚ ér guǎ
  처녀과부. 처녀로 수절하는 일

[守株待兔] shǒu zhū dài tù
  나무를 지키며 토끼를 기다리다. ① 요행을 바라다. ② 융통성
  이 없다.

[首鼠两端] shǒu shǔ liǎng duān
  구멍에서 머리만 내밀고 엿보는 쥐와 같다. 태도가 분명치 않고
  우유부단하다. 우물쭈물하여 결단을 못 내리다.(首施两端).

[壽比南山] shòu bǐ nán shān
  남산이 장구한 것처럼 오래오래 살다. 장수(长寿)를 기원하
  는 말.

[寿山福海] shòu shān fú hǎi
  다복(多福)하고 장수하다.(축하하는 말)

[壽终正寝] shòu zhōng zhèng qǐn
  천수를 다하고 집안에서 죽다. 사물이 소멸하다.(남자가 늙어서
  죽는 것은 寿终正寝이라 하며 여자는 壽终内寝이라 하여 讣文
  의 용어로도 쓰임.

[受宠若惊] shòu chǒng ruò jīng
  과분한 총애와 대우를 받고 기뻐 놀라워하면서 마음 한편 약간
  불안을 느끼다.(복이란 재앙의 근본이라) 총애를 받아도 겸허
  함을 잃지 않는다.(被宠若惊)

[受之无愧] shòu zhī wú kuì

당연한 것으로 알고 받다.

[受之有愧] shòu zhī yǒu kuì

받기에 과분해 하다.(却之不恭, 受之有愧) 거절하자니 실례가
되고 받자니 또 송구스럽다.

[瘦死的骆驼比马大] shòu sǐ de luò tuō bǐ mǎ dà

말라죽은 낙타라 할지라도 말보다는 크다. 썩어도 준치. 부자는
망해도 삼년 먹을 것은 있다.

[书不尽言] shū bù jìn yán

① 글은 말을 충분히 표현할 수 없다. ② 서면(书面)으로는 뜻
을 다 나타낼 수 없다.

[书香世家] shū xiāng shì jiā

대대로 학문을 하는 집안. 학자 가문.

[菽水承欢] shū shǔi chéng huān

콩죽과 물만 먹고 살면서도 부모를 봉양하여 기쁘게 해 드리다.
가난한 가운데서도 부모에게 효도를 다하다.

[殊途同归] shū tú tóng guī

길은 다르지만 이르는 곳은 같다. 방법은 달라도 결과는 같다.
(同归殊途)

[熟能生巧] shú néng shēng qiǎo

익숙해지면 교묘한 기능이 생긴다. 숙련은 연습에서 온다.

[熟视无睹] shú shì wú dǔ

보고도 못 본 척하다. 본체만체 한다.

[属毛离里之亲] shǔ máo lí lǐ zhī qīn

끊을래야 끊을 수 없는 사이.

[属螃蟹的] shǔ páng xíe de
　　억지를 쓰는 사람. 난폭한 사람.

[曙后星孤] shǔ hòu xīng gū
　　의지가지 없는 소녀. 사고무친한 고아 소녀.

[黍谷生春] shǔ gǔ shēng chūn
　　고생 끝에 낙이 오다.

[数米而炊] shǔ mǐ ér chuī
　　쌀알을 세어 밥을 짓다. ① 세세한 점까지 파고들다. 쩨쩨하다.
　　② 생활이 곤궁하다. ③ 고생만 많고 이득이 적은 일을 하다.

[蜀犬吠日] shǔ quǎn fèi rì
　　촉(蜀) 땅의 개가 해를 보고 짖다. 식견이 좁아 대수롭지 않은
　　일을 보고도 신기하게 여기다.(사천성(四川省) 지방은 산이 높
　　고 안개가 짙어서 해를 보는 날이 드물기 때문에 어쩌다 해가
　　뜨면 개가 이상하게 여기고 짖는다는 뜻임.

[鼠肚鸡肠] shǔ dù jī cháng
　　도량이 좁다.(小肚鸡肠)

[鼠肝虫臂] shǔ gān chóng bì
　　보잘것없다. 하찮다.

[鼠口不出象牙] shǔ kǒu bù chū xiàng yá
　　쥐 주둥이에서 상아가 나랴. 못된 놈 입에서는 못된 소리만 나
　　온다.(狗嘴里吐不出象牙来)

[鼠目寸光] shǔ mù cùn guāng
　　식견(시야)이 좁다.

[鼠窃狗偷] shǔ qiè gǒu tōu

150

쥐나 개처럼 좀 도둑질하다. 남 몰래 자잘한 속임수로 쓰다.

[树大阴凉(儿)大] shù dà yīn liángr dà

나무가 커야 그늘도 크다. 기대려면 큰 세력에 기대야 한다.(树大好遮阴)

[树倒猢狲散] shù dǎo hú sūn sàn

나무가 넘어지면 원숭이도 흩어진다. 우두머리만 망하면 따르던 사람들도 뿔뿔이 흩어진다.

[树上开花] shù shàng kāi huā

나무에 꽃이 피다. 사례금. 교제비. 보수.

[树欲静而风不止] shù yù jìng ér fēng bù zhǐ

나무는 고요하게 있고 싶어 하나 바람이 그치지 않는다. 일은 사람의 주관적인 욕망대로 되지 않는다.

[霜气横秋] shuāng qì héng qiū

태도가 냉엄하다. 태도가 추상같다.(老气横秋)

[水尽鹅飞] shuǐ jìn é fēi

물이 다하면 거위가 떠나다. ① 세력이 없어지면 아부하던 추종자들도 다 떠나 가버린다. ② 모두 사라지다.

[水落石出] shuǐ luò shí chū

물이 마르니 돌이 드러나다. 일의 진상이 밝혀지다.

[水米无交] shuǐ mǐ yuán jiāo

아무런 관계가 없다.

[水浅石现] shuǐ qiǎn shí xiàn

물이 얕으면 돌이 보인다. 수양(학문)이 얕으면 이내 밑바닥 이드러난다.

[水清无鱼] shuǐ qīng wú yú

물이 맑으면 물고기가 없다. 몸가짐이 너무 엄격하고 결백하면 사람이 따르지 않는다.(水至清则无鱼)

[水性杨花] shuǐ xìng yáng huā

물의 흐름은 일정치 않고 버드나무는 바람 부는 대로 흔들린다. 여자가 지조 없이 행동하다.

[水有源 ,树有根] shuǐ yǒu yuán, shù yǒu gēn

물에는 원천이 있고 나무에는 뿌리가 있다. 일에는 반듯이 그 근원이 있다.

[水月镜花] shuǐ yuè jìng huā

① 물에 비친 달과 거울에 비친 꽃. ② 진실이 아닌 것.

[水中捞月] shuǐ zhōng lāo yuè

물속의 달을 건지다. 부질없이 헛된 일을 하다.

[睡(回)龙觉] shuì (huí) lóng jiào

개잠자다.(睡五更觉) (개잠자면 건강에 매우 좋다).

[睡在鼓里] shuì zài gǔ lǐ

① 아랑곳 하지 않다. 속고서도 아무것도 모르고 있다.

[顺蔓摸瓜] shùn màn mō guā

덩굴을 더듬어 참외를 따다. 작은 일을 단서로 큰일을 이루다. (顺藤摸瓜)

[顺天者存, 逆天者亡] shùn tiān zhě cún, nì tiān zhě wáng

천리를 따르는 사람은 번영하고 천리를 거스르는 자는 망한다. (顺天者存, 逆天者灭)

[舜日尧年] shùn rì yáo nián

태평한 세상. 평안한 천하.

[说曹操, 曹操就到] shuō cáo cāo, cáo cāo jiù dào

호랑이도 제 말하면 온다.(说谁, 谁就来) (说着风, 风就来) (说着关公, 关公就来)

[说嘴打嘴] shuō zuǐ dǎ zuǐ

자랑 끝에 불 붙는다. 자랑 끝에 쉬 슨다.

[硕果仅存] shuò guǒ jǐn cún

큰 열매가 겨우 하나 남아 있다. 유명한 인물이나 물건이 하나 밖에 남아 있지 않다.

[思不出位] sī bù chū wèi

분수를 지켜서 지나치지 않다. 본분만 지키려고 한다.

[思前想后] sī qián xiǎng hòu

지난날을 생각하고 앞날을 여러모로 생각하다. 앞뒤를 생각하다. 회상.

[思深忧远] sī shēn yōu yuǎn

사려(思虑)가 깊고 먼 일을 위해 염려하다.

[四大家族] sì dà jiā zú

중화인민공화국 수립 이전 중국의 사대 재벌(즉 장개석(蒋介石), 송자문(宋子文), 공상희(孔祥熙), 진씨 형제(陈果夫, 陈立夫)의 사대 가문을 말함.

[四大名菜] sì dà míng cài

川菜(사천 요리) 鲁菜(산동 요리), 湘菜(호남 요리), 粤菜(광동 요리) 등을 일컬음.

[四大名绣] sì dà míng xiù

네 가지 유명한 수예품. 소주(苏州)의 苏绣, 호남(湖南)의 湘绣,

사천(四川)의 蜀绣, 광동(广东)의 粤绣 등을 일컬음.

[四大名鱼] sì dà míng yú

사대 명어. 즉, 송강 농어(松江 鲈鱼), 황하 잉어(黄河 鲤鱼), 송화강 연어(松花江 鲑鱼), 홍개호 백어(兴凯湖 白鱼)의 네 가지.

[四大奇书] sì dà qí shū

① 수호전(水浒传), 삼국지연의(三国志演义), 서유기(西游记), 금병매(金瓶梅) 등 네 가지 유명한 소설. ② 수호전, 삼국지연의, 서상기(西厢记) 비파기(琵琶记).

[四德] sì dé

① 여자의 네 가지 덕 즉, 부덕(妇德), 부언(妇言), 부용(妇容), 부공(妇功)을 말함. ② 인륜의 네 가지 덕. 즉 효(孝), 제(悌), 충(忠), 신(信)을 말함. ③ 열반(涅盘)의 네 가지 덕. 즉, 상덕(常德), 낙덕(乐德), 아덕(我德), 정덕(贞德)을 말함. ④ 천지자연의 네 가지 덕. 즉, 원(元), 형(亨), 이(利), 정(贞)을 말함.

[岁寒三友] suì hán sān yǒu

소나무, 대나무, 매화나무. 형편이 어려울 때의 친구.

[岁寒松柏] suì hán sōng bǎi

어떤 역경 속에서도 절개를 굽히지 않는 의지가 굳은 사람.

[孙猴子, 爱八戒] sūn hóu zi ài bā jiè

손오공이 저팔계를 사랑하다. 가재는 게 편이다. 초록은 동색이다.

[所答非所问] suǒ dá fēi suǒ wèn

동문서답하다.

T

[他山之石, 可以攻错] tā shān zhī shí, kě yǐ gōng cuò

다른 산의 돌로 나의 옥을 갈 수 있다. ① 타국의 인재를 본국에 도움 되게 쓸 수 있다. ② 타인(친구)의 충고와 도움을 자신의 결점(잘못)을 바로 잡을 수 있다.

[踏八字脚] tà bā zì jiǎo

팔자걸음을 하다. 거드름을 피우며 걷다.(迈方步(儿))

[抬头见喜] tái tóu jiàn xǐ

머리를 드니 경사스러운 일이 보인다.(새해에 문 양쪽의 벽에 써 붙여 행운을 빔.

[抬头老婆低头汉] tái tóu lǎo po dī tóu hàn

머리를 쳐든 여편네와 머리를 숙인 사내. 성질이 사나운 여자와 음흉한 남자.

[太公钓鱼, 愿者上钩] tài gōng diào yú, yuàn zhě shàng gōu

강태공의 곧은 낚시에도 스스로 원하는 자는 걸려든다. 스스로 남의 속임수에 걸려든다.(姜太公钓鱼, 愿者上钩)

[贪小失大] tān xiǎo shī dà

작은 이익을 탐내다가 큰 이익을 잃다.

[螳螂捕蝉, 黄雀在后] táng láng bǔ chán, huáng què zài hòu

버마재비가 매미를 잡으니 참새가 뒤에서 기다리고 있더라. 이
욕(利欲)을 탐하여 뒤에 올 위험을 돌아보지 않다.

[掏线穷绪] tāo xiàn qióng xù
실을 끌어 당겨 실마리를 찾다. 사물의 근원을 캐다.

[韬光养晦] tāo guāng yǎng huì
재능을 감추고 드러내지 않다.

[逃之夭夭] táo zhī yāo yāo
꽁무니가 빠지게 달아나다. 줄행랑을 놓다.(본래 诗经의 桃之夭
夭 구절에서 "桃"와 "逃"가 같은 동음인 것을 이용해서, 풍자적
으로 비꼬아 표현한 것. 옛날 소설 등에 많이 쓰이며 "逃之遥
遥"로 쓰기도 함. "桃之夭夭"

[桃花癸水] táo huā guǐ shuǐ
월경(月经)

[桃李满天下] táo lǐ mǎn tiān xià
문하생(제자)이 천하에 가득하다.

[桃园结义] táo yuán jié yì
의형제를 맺다. 유비, 관우, 장비가 도원에서 결의형제한 고사
에서 유래.

[桃之夭夭] táo zhī yāo yāo
도요 시절. 처녀가 시집가기에 좋은 시절.(逃之夭夭)

[天不绝人之路] tiān bù jué rén zhī lù
하늘이 무너져도 솟아날 구멍이 있다.(天无绝人之路)

[调三窝四] tiáo sān wō sì
싸움을 부추기다. 이간질하다.

[跳门踏户] tiào mén tà hù

재혼하다.

[铁杵磨成针] tiě chǔ mó chéng zhēn

쇠 절굿공이를 갈아 바늘을 만들다. 꾸준히 노력하면 어떤 일도
해낼 수 있다.(铁尺磨成针) (铁打房梁磨锈针)

[听人劝, 吃饱饭] tīng rén quàn, chī bǎo fàn

남의 권고를 들으면 밥 굶는 일은 없다.

[同舟共济] tóng zhōu gòng jì

같은 배를 타고 함께 건너다. 어려움 속에서 일심협력하다.

[投鼠忌器] tóu shǔ jì qì

쥐를 때려잡고 싶어도 그릇 깨질까봐 겁내다.(打老鼠伤玉器)

[兔死狗烹] tù sǐ gǒu pēng

(토끼를 잡을 때는 사냥개를 부리지만) 토끼를 잡고나면 개는
삶아 먹힌다. 일이 성공한 뒤에 그 일을 위해 애쓴 사람은 버린
다.(蜚(飞)鸟尽, 良工藏) (狡兔死, 走狗烹)

[脱(了)裤子放屁] tuō (le) kù zi fàng pì

바지를 벗고 방귀를 뀌다. 공연한 짓을 하다.

[脱胎换骨] tuō tāi huàn gǔ

환골탈태. ① 새 형식만 바꾸는 것이 아니라 질적인 변화도 가
져오다. ② 전혀 딴 사람이 되다.

[脱弦的箭] tuō xián de jiàn

활시위를 떠난 화살. 쏜살.

W

[瓦有翻身之日] wǎ yǒu fān shēn zhī rì

엎어져 있는 기와도 언젠가는 위로 향하게 되는 때가 있다. 쥐
구멍에도 볕들 날이 있다.

[玩山游水] wán shān yóu shuǐ

산수를 유람하다.

[完璧归赵] wán bì guī zhào

빌려온 원래의 물건은 손상 없이 온전하게 되돌려 주다.(璧还)
(璧回) (璧赵) (归赵)

[万里长城] wàn lǐ cháng chéng

① 만리장성. ② 믿음직한 사물(힘).

[万事俱备, 只欠东风] wàn shì jù bèi, zhǐ qiàn dōng fēng

모든 것이 다 준비되어 있으나 중요한 것이 하나 모자라다.(삼
국연의(三国演义)에서 주유(周瑜)가 조조(曹操)를 화공(火攻)
으로 무찌르려는 고사에서 나온 말.)

[万丈高楼从地起] wàn zhàng gāo lóu cóng dì qǐ

대단히 높은 누각도 지면에서부터 시작된다. 천리 길도 한걸음
부터.(万丈高楼平地起)

[亡羊补牢] wáng yáng bǔ láo

소 잃고 외양간 고치다.

[唯酒无量, 不及乱] wéi jiǔ wú liàng bù jí luàn

오직 주량은 한량없되 난동은 부리지 마라. 말술은 사양하지 말되 난동은 부리지 마라.(斗酒不辞, 不及乱)

[为人一条路, 惹人一堵墙] wèi rén yī tiáo lù, rě rén yī dǔ qiáng

남을 위하면 자기 길도 열리고, 남의 기분을 상하게 하면 자기 길도 막힌다.

[为小失大] wèi xiǎo shī dà

작은 것 때문에 큰 것을 잃다.(因小失大)

[蔚然成风] wèi rán chéng fēng

좋은 기풍이 널리 퍼지다.(蔚成风气)

[温故知新] wēn gù zhī xīn

옛것을 배우고 익혀 새로운 것을 알다. 과거를 돌이켜 보고 현재를 이해하다.

[文臣不爱钱, 武臣不惜死] wén chén bù ài qián, wǔ chén bù xī sǐ

문신은 돈을 멀리하고. 무신은 죽음을 두려워하지 않는다.(岳飞가 한 말.)

[文人相轻, 同行相忌(必妒), 贵人相助] wén rén xiāng qīng, tóng háng xiāng jì (bì dù), guì rén xiāng zhù

문인들은 서로 경멸하고 동종업자는 서로 시기하며 귀인은 서로 돕는다.

[稳打稳拿] wěn dǎ wěn ná

(돌다리도 두드리며 건너듯이) 일을 착실하고 신중하게 하다.

[瓮底捉鳖] wèng dǐ zhuō biē
　　독안의 자라. 독안의 쥐.(瓮中之鳖) (瓮中捉鳖)

[蜗牛角上争] wō niú jiǎo shàng zhēng
　　하찮은 싸움. 작은 나라끼리의 싸움.

[我耕人获] wǒ gēng rén huò
　　밭은 내가 갈고 수확은 남이 하다. 재주는 곰이 부리고 돈은 왕
　　서방이 번다.(我打幌子人卖酒)

[我田引水] wǒ tián yǐn shuǐ
　　아전인수. 제논에 물대기.

[卧薪尝胆] wò xīn cháng dǎn
　　와신상담.

[乌飞兔走] wū fēi tù zǒu
　　해와 달이 질주하다. 세월이 빨리 흘러가다.

[乌七八糟] wū qī bā zāo
　　뒤죽박죽이다. 난장판이다.(污七八糟) (乱七八糟)

[乌烟瘴气] wū yān zhàng qì
　　온통 뒤죽박죽이다. 난장판을 이루다. 사회가 암담하다.

[乌有反哺之孝] wū yǒu fǎn bǔ zhī xiào
　　까마귀도 어미를 먹여 살린다. 까마귀와 같은 미물도 부모의 은
　　혜를 잊지 않고 갚는 효성심이 있다.

[巫山之梦] wū shān zhī mèng
　　남녀의 밀회.(高唐梦)

[无病是神仙] wú bìng shì shén xiān
　　병이 없으면 신선이다. 건강이 제일이다.

[无病休嫌瘦, 身安莫怨贫] wú bìng xiū xián shòu, shēn ān
mò yuàn pín
병이 없으면 몸이 말랐다고 걱정하지 말고, 몸이 건강하면 가난
을 탓하지 말라.

[无肠公子] wú cháng gōng zi
게의 다른 이름(螃蟹).

[无风起浪] wú fēng qǐ làng
평지풍파를 일으키다. 생트집을 잡다. 공연히 시비를 걸다.

[无价之宝] wú jià zhī bǎo
값을 매길 수 없는 보물.

[无精打采] wú jīng dǎ cǎi
의기소침하다.(没精打采)

[无可救药] wú kě jiù yào
구할 도리가 없다.(不可救药).

[无可奈何] wú kě nài hé
어찌할 도리가 없다.(无计奈何) 无可如何).

[无债一身轻] wú zhài yī shēn qīng
빚이 없으면 몸이 가벼운 법이다.

[吴越同舟] wú yuè tóng zhōu
원수끼리 같은 배 또는 같은 장소에 함께 있는 것. 원수는
외나무다리에 만나다.

[五伦三纲] wǔ lún sān gāng
삼강오륜. 三纲；君为臣纲, 父为子纲, 夫为妇纲. 五伦；君臣有
义, 父子有亲, 夫妇有别, 长幼有序, 朋友有信.

[五体投地] wǔ tǐ tóu dì

오체투지.(불교의 경례하는 법의 하나. 먼저 두 무릎을 땅에 꿇고 두 팔을 땅에 대고 그 다음에 머리를 땅에 닿도록 절을 함)

[五刑] wǔ xíng

(墨刑, 劓刑, 剕刑, 宮刑, 大辟 mò xíng, yì xíng, fèi xíng, gōng xíng, dà bì) 이마에 刺字하는 벌. 코를 베는 벌, 무릎 종지뼈를 빼는 벌, 거세하는 벌, 사형의 다섯 가지.

[五岳] wǔ yuè

五岳 : 东岳(泰山) 西岳(华山) 北岳(恒山) 南岳(衡山) 中岳(嵩山)

[物以类聚] wù yǐ lèi jù

끼리끼리 어울리다.(주로 나쁜 사람들이 의기투합하여 한데 어울리는 것을 말함). 유유상종.

X

[吸风饮露] xī fēng yǐn lù

풍찬노숙.(餐风饮露)

[西窗剪烛] xī chuāng jiǎn zhú

서쪽창의 초심지를 자르다. 멀리 있는 처자(妻子)와 다시 만나
밤새도록 이야기 나누기를 고대하다. 친구와 만나 오래도록 이
야기 나누다.(剪烛西窗)

[西河之痛] xī hé zhī tòng

자식을 잃은 슬픔.(자공(子贡)이 서하에 있을 때 자식을 잃고
너무 슬피 운 나머지 소경이 된 고사에서 나온 말.)

[惜饭有饭吃, 惜衣有衣穿] xī fàn yǒu fàn chī, xī yī yǒu yī
chuān

음식을 중히 여기면 먹을 음식이 있고, 의복을 중히 여기면 입
을 옷이 있다. 검약하면 의식에 어려움이 없다.

[惜指失掌] xī zhǐ shī zhǎng

손가락을 아끼려다 손바닥마저 잃는다. 작은 이익을 탐하다가
큰 손실을 보다.

[媳妇好做, 婆婆难当] xí fù hǎo zuò, pó pó nán dāng

며느리 노릇은 쉽고 시어머니 노릇은 힘들다.

[洗耳恭听] xǐ ěr gōng tīng
　귀를 씻고 공손하게 듣다. 마음을 쏟아 가르침을 받다.

[洗手奉职] xǐ shǒu fèng zhí
　손을 씻고 공직을 담당하다. 청렴결백하게 봉직하다.

[徙宅忘妻] xǐ zhái wàng qī
　이사하며 아내를 잊어버리다. 정신 빠진 사람. 얼간이, 멍청이.

[系风捕影] xì fēng bǔ yǐng
　바람이나 그림자를 잡다. 허망한 일.(捕风捉影)

[瞎猫碰死耗子] xiā māo pèng sǐ hào zi
　눈먼 고양이가 죽은 쥐와 부딪치다. 소경이 문고리를 잡다.

[瞎子摸象] xiā zi mō xiàng
　소경 코끼리 더듬기.(盲人摸象)

[狭路相逢] xiá lù xiāng féng
　좁은 길에서 만나 양보할 여지가 없다. 원수가 외나무다리에서
　만나다.(冤家路窄)

[先公后私] xiān gōng hòu sī
　선공후사. 공사(公事)를 먼저하고 사사(私事)를 뒤로 미루다.

[先下手为强, 后下手遭殃] xiān xià shǒu wéi qiáng, hòu xià
　shǒu zāo yāng
　선수를 치면 유리하고 후수로 돌면 손해를 본다.(先发制人)

[闲茶闷酒] xián chá mèn jiǔ
　한가할 때는 차 울적할 때는 술.

[闲云野鹤] xián yún yě hè
　한가하게 떠도는 구름과 들에서 자유롭게 노니는 학. 아무런

구속이 없이 자유자재로 다니다.

[显灵助顺] xiǎn líng zhù shùn
① 신은 올바른 자를 돕는다. ② 신은 간절히 비는 자를 돕는다.

[乡脑瓜子] xiāng nǎo guā zi
시골뜨기, 촌놈, 촌뜨기.

[乡土风味] xiāng tǔ fēng wèi
고향의 맛, 토속적인 색채, 향토색.

[相骂无好言, 相打无好拳] xiāng mà wú hǎo yán, xiāng dǎ wú hǎo quán
욕에는 고상한 말이 없고 싸움질에는 좋은 주먹이 없다.

[象齿焚身] xiàng chǐ fén shēn
코끼리는 상아(象牙)때문에 살신(杀身)의 화(祸)를 입는다.

[小不忍则乱大谋] xiǎo bù rěn zé luàn dà móu
작은 일을 참지 못하면 큰 계획을 어지럽히게 된다.

[小惩大诫] xiǎo chéng dà jiè
작은 징벌을 받아 큰 교훈으로 삼다.

[小和尚念经] xiǎo hé shang niàn jīng
어린 중이 경을 읽다. 말뿐이고 진심이 어려 있지 않다.(뒤에 "有口无心"이 이어지기도 함)

[小孔不补, 大孔叫苦] xiǎo kǒng bù bǔ, dà kǒng jiào kǔ
호미로 막을 것을 가래로 막는다. 일이 작을 때는 처리하지 않다가 필경에는 큰 힘을 들이게 된다.

[小马乍行嫌路窄, 大鹏展翅恨天低] xiǎo mǎ zhà xíng xián lù zhǎi, dà péng zhǎn chì hèn tiān di

망아지가 막 걷기 시작하면서 길이 좁다고 투덜대며, 큰 붕새가
날개를 펴면서 하늘이 낮다고 원망한다. 신출내기가 자만하여
자신의 재능을 발휘할 곳이 없다고 한다.

[小巫见大巫] xiǎo wū jiàn dà wū
작은 무당이 큰 무당을 만나다. 임자를 만나다.

[孝悌忠信礼义廉] xiào tì zhōng xìn lǐ yì lián
염치없는 놈, 치사스러운 놈, 뻔뻔스러운 놈(마지막 여덟째
자에 "耻(chǐ)"를 붙여 써야 하는데 빠졌기 때문에 "无耻"의
뜻으로 쓰임.

[笑里藏刀] xiào lǐ cáng dāo
웃음 속에 칼을 감추다.

[笑面老虎,白面狼] xiào miàn lǎo hǔ bái miàn láng
겉은 부처고 속은 마귀다.

[邪不侵正] xié bù qīn zhèng
바르지 못한 것은 바른 것을 이기지 못한다(邪不能胜正).

[心安理得] xīn ān lǐ de
도리에 어긋나지 않아 마음이 편하다.(人生在世, 只求心安理得
就好了. 사람이 살아가는데 있어서 지켜야 할 도리를 거스르지
않고 마음 편하도록 힘쓰면 된다.)

[心到神知] xīn dào shén zhī
성심을 다하면 귀신도 안다. 마음이 지극하면 남에게도 통하다.

[心坚石穿] xīn jiān shí chuān
의지가 굳으면 돌도 뚫을 수 있다. 의지가 굳으면 어떠한 일도
이겨낼 수 있다.

[心惊肉跳] xīn jīng ròu tiào

혼비백산하다.(心飞肉跳) (心惊肉颤)

[行尸走肉] xíng shī zǒu ròu
살아 있는 송장이요, 걸어 다니는 고깃덩이, 무능한 인간, 산
송장.

[羞花闭月] xiū huā bì yuè
꽃보다 더 아름다운 미인. 절세미인.(闭月羞花)

[修身齐家治国平天下] xiū shēn qí jiā zhì guó píng tiān xià
몸을 닦고, 집안을 다스리고, 나라를 다스리며, 천하를 평화롭
게 하라.

[学而不厌] xué ér bù yàn
배움에 실증내지 않다.

[学富五车] xué fù wǔ chē
책을 널리 읽어 학식이 풍부하다.

[学无止境] xué wú zhǐ jìng
학문에는 끝이 없다.

[雪兆丰年] xuě zhào fēng nián
눈은 풍년의 징조다.

[寻根究底] xún gēn jiū dǐ
뿌리를 찾아가며 캐다. 원인을 끝까지 따지다.

[寻欢作乐] xún huān zuò lè
향락만을 추구하다.

Y

[丫头养的] yā tóu yǎng de
  종놈의 새끼, 쌍놈의 자식.(계집종에서 난 자식이란 뜻으로, 옛
  날 어린아이를 욕하던 말.)

[压惊避邪] yā jīng bì xié
  잡귀를 몰아내다. 액풀이를 하다.

[哑巴爱说话] yǎ ba ài shuō huà
  벙어리가 말을 하고 싶어 하다. 하지도 못하는 주제에 솜씨를
  보이려 하다.

[哑巴吃黄莲] yǎ ba chī huáng lián
  벙어리가 깽깽이 풀을 먹다. 벙어리 냉가슴 앓듯 하다.(뒤에 有
  苦说不出가 이어지기도 함)

[哑巴吃饺子] yǎ ba chī jiǎo zi
  벙어리가 교자를 먹다. 말은 안 해도 속셈은 있다.(뒤에 心里有
  数나 肚子里有数儿 혹은 心中有数가 이어지기도 함.) (哑巴吃
  扁食)

[烟酒不分家] yān jiǔ bù fēn jiā
  담배와 술은 네 것 내 것이 없다.

[延颈举踵] yán jǐng jǔ zhǒng
  목을 길게 빼고 발 돋음 하여 기다리다. 목이 빠지게 기다리다.
  (延颈企踵) (延企)

[延年益寿] yán nián yì shòu
  연년익수. 오래 살다.

[言必行, 行必果] yán bì xíng, xíng bì guǒ
  말한 것은 반드시 이행하고, 실행하면 반드시 완수한다.

[言为心声] yán wéi xīn shēng
  말은 마음의 소리이다. 말은 생각을 나타낸다.

[掩耳盗铃] yǎn ěr dào líng
  귀 막고 방울 도둑질하다. 눈 가리고 아웅하다. 남을 속이지는
  못하고 자신만을 속이다.(捂着耳朵偷铃铛) (掩目捕雀)

[眼不见, 心不烦] yǎn bù jiàn, xīn bù fán
  보지 않으면 성가시지 않다. 모르는 것이 약이다.

[眼插棒槌] yǎn chā bàng chuí
  똥구멍에 복채를 찔러 넣다. 꼼짝 못하게 하다.

[眼底无人] yǎn dǐ wú rén
  안하무인.(眼中无人)

[眼中钉, 肉中刺] yǎn zhōng dīng, ròu zhōng cì
  눈엣가시

[雁过留声, 人过留名] yàn guò liú shēng, rén guò liú míng
  기러기가 날아가면 소리를 남기고, 사람이 죽으면 이름을 남
  긴다.

[燕瘦环肥] yàn shòu huán féi

양귀비는 뚱뚱했으나 미인이었고, 조비연은 말랐으나 미인이었다. 각양각색의 미녀.

[殃及池鱼] yāng jí chí yú

까닭 없이 화를 당하다.(城门失火，殃及池鱼)

[殃尽必昌] yāng jìn bì chāng

재난 뒤에는 번영이 온다. (苦尽甘来)

[扬清激浊] yáng qīng jī zhuó

탁한 물을 흘려보내고 맑은 물을 끌어들이다.(激浊扬清) 악을 물리치고 선을 권장하다.

[阳奉阴违] yáng fèng yīn wéi

겉으로는 복종하나 속으로는 따르지 않다.(面从腹背) (面从心违)

[养兵千日, 用在一朝] yǎng bīng qiān rì, yòng zài yì zhāo

천일 동안 병사를 길러 하루아침에 써먹다.(养兵千日，用兵一时)

[尧天舜日] yáo tiān shùn rì

태평성대.(太平圣代)

[耀武扬威] yào wǔ yáng wēi

무용을 빛내고 위세를 떨치다.

[野鸡大学] yě jī dà xué

엉터리 대학.(家里蹲大学 jiā lǐ dùn dà xué) 먹고 대학.

[野鸡飞进饭锅里] yě jī fēi jìn fàn guō lǐ

뜻밖의 횡재. 복이 저절로 굴러 들어오다.

[野马无缰] yě mǎ wú jiāng

고삐 풀린 야생마. 한번 손을 떼면, 이미 수습할 수 없는 상태가 됨을 비유함.

[野雀无粮天地宽] yě què wú liáng tiān dì kuān

참새는 식량이 없어도 천지의 관대함은 그들을 굶기지 않는다. 산사람 목구멍에 거미줄 치랴.(老天饿不死人)

[夜郎自大] yè láng zì dà

좁은 식견에 제 잘났다고 뽐내다. 세상물정 모르는 우물 안의 개구리.(夜郎은 汉代의 서남 오랑캐 가운데 가장 우세하였던 夜郎侯가 한나라 사신에게 자기 나라와 한나라의 우월을 물었 다는 고사에서 온 말.)

[夜猫子进宅] yè māo zi jìn zhái

부엉이가 집에 들어오다. 심상치 않은 일이 있다. 일없이는 오 지 않는다.(뒤에 无事不来 또는 必无好事가 이어지기도 함.)

[一报还一报] yī bào huán yī bào

인과응보가 나타나다. 갚아야 할 갚음을 받다.

[一鼻孔出气] yī bí kǒng chū qì

한 콧구멍으로 호흡하다. 한통속이다. 주장하는 바나 태도가 같다.

[一长两短] yī cháng liǎng duǎn

뜻밖의 재앙이나 사고.(一长半短)

[一刀两断] yī dāo liǎng duàn

한 칼에 두 동강이를 내다. 명확히 매듭을 짓다.

[一颗老鼠屎, 坏了一锅汤] yī kē lǎo shǔ shǐ, huái le yī guō tāng

한 알의 쥐똥이 한 냄비 국을 못 쓰게 만들다.

[一窍不通] yī qiào bù tōng
한 구멍도 뚫리지 않다. 아무 것도 모르다.

[一犬吠形, 百犬吠声] yī quǎn fèi xíng, bǎi quǎn fèi shēng
개 한 마리가 그림자를 보고 짖으면, 뭇 개들이 따라서 짖다. 진
상도 모르는 채 남을 따라하다.

[衣不如新, 人不如故] yī bù rú xīn, rén bù rú gù
옷은 새 옷이 좋고 사람은 오래사귄 사람이 좋다. 오랜 친구를
가벼이 버리지 마라.

[衣架饭囊] yī jià fàn náng
아무 쓸모없는 사람. 밥통.(饭囊衣架)

[医不自医] yī bù zì yī
의사가 자기 병은 못 고친다. 중이 제 머리 못 깎는다.

[医得病, 医不得命] yī dé bìng, yī bù dé mìng
병은 고칠 수 있어도 명은 고칠 수 없다.

[以小人之心, 度君子之腹] yǐ xiǎo rén zhī xīn, dù jūn zi zhī
fù
소인의 마음으로 군자의 마음을 가늠 해보다. 나쁜 마음으로 좋
은 사람의 심정을 추측하다.

[以眼还眼, 以牙还牙] yǐ yǎn huán yǎn, yǐ yá huán yá
눈은 눈으로 갚고, 이는 이로 갚는다. 눈에는 눈, 이에는 이, 폭
력에는 폭력으로 대하다.(以刀对刀) (以牙还牙)

[以子之矛, 攻子之盾] yǐ zǐ zhī máo, gōng zǐ zhī dùn
당신의 창으로 당신의 방패를 찔러 보이다. 상대방의 논거로 상
대방을 반박하다. 상대방을 자기모순(矛盾)에 빠뜨리다.

[蚁负粒米, 象负千斤] yǐ fù lì mǐ, xiàng fù qiān jīn
개미는 쌀 한 알을 지고, 코끼리는 천근을 진다. 나름대로의
능력에 따라 힘을 다하다.

[义重如山] yì zhòng rú shān
신의가 산만큼 무겁다.

[忆苦思甜] yì kǔ sī tián
쓰라린 과거를 회상하고 오늘의 행복을 생각하다.(忆苦甜)

[艺不压身] yì bù yā shēn
재주가 짐이 되는 법은 없다.

[毅然决然] yì rán jué rán
의연하고 결연하다. 의지가 굳고 조금도 주저함이 없다.

[逸趣横生] yì qù héng shēng
흥미진진하다.

[饮水思源] yǐn shuǐ sī yuán
물을 마실 때는 그 근원을 생각하다. 근본을 잊지 않다.

[萤窗雪案] yíng chuāng xuě àn
반딧불과 창밖의 눈빛을 등불삼아 공부하다.(萤雪之功)

[庸中佼佼] yōng zhōng jiǎo jiǎo
평범한 사람들 중에서 비범한 사람. 군계일학.(群鸡一鹤)

[用户是王] yòng hù shì wáng
손님은 왕이다.

[用牛靠鞭, 种田靠天] yòng niú kào biān, zhòng tián kào tiān
소를 부릴 때는 채찍에 의지하고, 논밭을 갈 때는 하늘에 의지
하다. 농사의 잘되고 못되는 것은 하늘에 달려 있다.

173

[用字无底] yòng zì wú dǐ

용(用)이란 글자는 밑바닥이 없다. 쓰자고 하면 끝이 없다. 돈이나 물건은 쓰기로 작정하면 얼마든지 쓴다.

[优柔寡断] yōu róu guǎ duàn

우유부단하다.

[有口无心] yǒu kǒu wú xīn

입은 거칠지만 악의는 없다.

[有了媳妇不想娘，吃饱了不想家] yǒu le xí fù bù xiǎng niáng, chī bǎo le bù xiǎng jiā

아내가 생기니 어머니 생각이 나지 않고, 배가 부르니 집 생각이 나지 않는다.

[有钱能使鬼推磨] yǒu qián néng shǐ guǐ tuī mò

돈이 있으면 귀신에게 맷돌질을 하게 할 수도 있다. 돈만 있으면 귀신도 부릴 수 있다.

[有恃无恐] yǒu shì wú kǒng

믿는 데가 있어 두려움을 모르다.

[有志者事竟成] yǒu zhì zhě shì jìng chéng

뜻만 있으면 일은 반드시 성취된다.(有志竟成)

[鱼肚白] yú dù bái

魚白과 같은 물고기의 정액. 이리—청백색, 물고기의 배색갈, 주로 동터 올 때의 하늘을 묘사함.(东方一线鱼白，黎明已经到来) 동녘 하늘이 어슴프레 밝아오며 여명이 왔다.

[渔人得利] yú rén dé lì

양편이 싸우고 있는 틈을 타서 제삼자가 이득을 보다.(渔人之利) (渔翁得利) (鹬蚌相争)

[愚公移山] yú gōng yí shān

곤란을 무릅쓰고 꾸준히 노력하면 큰 산도 옮길 수 있다. 어떠한 곤란도 두려워하지 않고 굳센 의지로 밀고 나가면 성공한다.

[雨后春笋] yǔ hòu chūn sǔn

우후죽순(雨后竹笋). 비가 온 뒤에 여기저기서 무럭무럭 솟는 죽순. 어떠한 새로운 일이 한때에 많이 일어나다.

[鹬蚌相争] yù bàng xiāng zhēng

도요새와 조개가 싸우다가 둘 다 어부에게 잡히다.(鹬蚌相争, 渔人得利)

[鸢飞鱼跃] yuān fēi yú yuè

모든 동물이 자연 그대로 생활하다.

[缘木求鱼] yuán mù qiú yú

연목구어. 나무에 올라 물고기를 구하다. 불가능한 일을 하려고 하다.

[远亲不如近邻] yuǎn qīn bù rú jìn lín

먼 친척보다 가까운 이웃이 더 낫다. 이웃사촌.

[远水不救近火] yuǎn shuǐ bù jiù jìn huǒ

먼데 물이 가까운 불을 끄지 못한다.

[月满则亏, 水满则溢] yuè mǎn zé kuī, shuǐ mǎn zé yì

달은 차면 기울고, 물은 차면 넘친다.

[粤犬吠雪] yuè quǎn fèi xuě

광동개가 눈을 보고 짖다. 식견이 좁아 하찮은 것에도 신기해하다.

Z

[枣木棒槌] zǎo mù bàng chuí

대추나무로 만든 빨래 방망이. 융통성이 없고 고지식한 사람.

[泽及枯骨] zé jí kū gǔ

은택이 죽은 사람에게까지 미친다.

[贼胆心虚] zéi dǎn xīn xū

도둑이 제 발 절이다. (贼人胆虚)

[斩钉截铁] zhǎn dīng jié tiě

결단성이 있고 단호하다.

[占着茅坑不拉屎] zhàn zhe máo kēng bù lā shǐ

변소를 차지하고서 똥을 누지 않다. 일부러 자리를 차지하고서
심술을 부리다.

[长嘴的要吃, 长根的要肥] zhǎng zuǐ de yào chī, zhǎng gēn
de yào féi

입은 먹을 것을 구하고, 뿌리는 비료를 원한다. 작물을 기르는
데는 비료가 필요하다.

[丈八灯台照远不照近] zhàng bā dēng tái zhào yuǎn bù zhào
jìn

높은 촛대는 먼 곳을 비추나 가까운 곳은 비추지 않는다. 남은

176

잘 아나 자기 자신은 알지 못하다. 등잔 밑이 어둡다.

[朝令暮改] zhāo lìng mù gǎi
아침에 공포한 법령이 저녁에 바뀌다.(朝令夕改)

[朝三暮四] zhāo sān mù sì
조삼모사. 변덕스러워 갈피를 잡을 수 없다.

[朝闻夕死] zhāo wén xī sǐ
아침에 도를 들으면 그날 저녁에 죽어도 유감이 없다는 말.(朝闻道夕死可矣) 공자의 말씀.

[征山服水] zhēng shān fú shuǐ
산천(자연)을 정복하다.

[整躬率属] zhěng gōng shuài shǔ
내 몸을 바르게 하고 부하를 다스리다.

[整瓶子不动, 半瓶子摇] zhùng píng zi bù dòng, bàn píng zi yáo
가득 차 있는 병은 흔들리지 않으나 절반 밖에 차있지 않은 병은 흔들린다. 빈 수레가 더 요란하다.

[正大光明] zhèng dà guāng míng
광명정대하다.

[正襟危坐] zhèng jīn wēi zuò
옷깃을 바로하고 단정하게 앉다. 엄숙하고 경건한 태도를 취하다.

[正中下怀] zhèng zhòng xià huái
바로 내가 생각하는 바와 꼭 들어맞다.

[正走子午] zhèng zǒu zǐ wǔ

운이 좋다.

[知彼知己, 百战不殆] zhī bǐ zhī jǐ, bǎi zhàn bù dài
적을 알고 나를 알면 백번 싸워도 위태롭지 않다.

[知行合一] zhī xíng hé yī
지행합일.(왕양명(王阳明)의 학설로 致知의 知는 良知라고 하여 지식을 사물의 위에 두지 않고 내 마음에서 구하며 참 지식은 반드시 실행이 따른다는 학설.)

[执信不疑] zhí xìn bù yí
굳게 믿어 의심하지 않다.

[跖犬吠尧] zhí quǎn fèi yáo
척이라는 큰 도적의 개는 요순(尧舜)과 같은 어진 사람을 보고도 짖는다. 좋고 나쁜 것을 가리지 않고 주인에게 맹목적으로 충실하다.(桀犬吠尧)

[止戈为武] zhǐ gē wéi wǔ
전쟁을 그치게 할 수 있는 것이 참된 무(武)이다.

[趾高气扬] zhǐ gāo qì yáng
의기양양하다.

[只打雷, 不下雨] zhǐ dǎ léi, bù xià yǔ
천둥 번개만 요란할 뿐 비는 오지 않다. 야단스러운 소문에 비하여 그 결과는 변변치 않다.

[只要功夫深, 铁杵磨成针] zhǐ yào gōng fu shēn, tiě chǔ mó chéng zhēn
공을 들여 열심히 노력하면 절굿공이도 갈아서 바늘을 만들 수 있다. 지성이면 감천이다.

[只争朝夕] zhǐ zhēng zhāo xì

촌음을 아끼다. 분초를 다투다.

[咫尺山河] zhǐ chǐ shān hé
매우 가까이 있으면서도 산이나 강에 막힌 것처럼 만나보기 어렵다.

[咫尺天涯] zhǐ chǐ tiān yá
매우 가까이 있으면서도 하늘 끝에 있는 것처럼 만나보기 어렵다. 지척이 천리다.

[指槐骂柳] zhǐ huái mà liǔ
이 사람을 가리키면서 사실은 저 사람을 욕하다.

[纸包不住火] zhǐ bāo bù zhù huǒ
종이로 불을 쌀 수 없다. 사실은 반드시 드러나게 마련이다.(纸里包不住火)

[纸贵洛阳] zhǐ guì luò yáng
낙양의 종이 값이 오르다. 책이 잘 팔리다.(洛阳纸贵)

[志在必成] zhì zài bì chéng
반드시 성취할 것을 결심하다.

[志在千里] zhì zài qiān lǐ
원대한 뜻을 품다.(志在四方)

[智者千虑, 必有一失] zhì zhě qiān lǜ, bì yǒu yī shī
지혜로운 사람이라도 천 번의 생각 중에 한 번쯤은 반드시 실수가 있다. 원숭이도 나무에서 떨어질 때가 있다.

[置若罔闻] zhì ruò wǎng wén
못 들은 체 하고 상관하지 않다. 들은 체 만체하다.

[置之不理] zhì zhī bù lǐ

내버려 두고 상관하지 않다.

[置之度外] zhì zhī dù wài
(생사, 이해 따위를) 도외시하다.

[钟不撞不鸣, 鼓不敲不响] zhōng bù zhuàng bù míng, gǔ bù qiāo bù xiǎng
종은 치지 않으면 울리지 않고, 북은 두드리지 않으면 울리지 않는다. 원인 없는 결과가 없다.

[钟灵毓秀] zhōng líng yù xiù
좋은 환경에서 우수한 인물이 나온다.(钟灵育秀)

[种瓜得瓜, 种豆得豆] zhòng guā dé guā, zhòng dòu dé dòu
콩 심은데 콩 나고 팥 심은데 팥 난다.(种豆得豆,种麦得麦)

[种在田里, 出在天里] zhòng zài tián lǐ, chū zài tiān lǐ
밭에 심기는 하지만 수확은 하늘에 달렸다. 인사(人事)를 다하고 천명을 기다리다.

[众口难调] zhòng kǒu nán tiáo
많은 사람의 구미를 다 맞추기는 어렵다.

[众口铄金] zhòng kǒu shuò jīn
군중의 입은 쇠도 녹인다. 여론의 힘이 크다.

[众醉独醒] zhòng zuì dú xǐng
뭇 사람이 취해 있는데 혼자 깨어 있다. 뭇사람과 부화뇌동하지 않고 독자 노선을 걷다.

[粥少僧多] zhōu shǎo sēng duō
죽은 적고 중은 많다. 나눠줄 물건은 적고 사람은 너무 많다.(僧多粥少)

[**蛛丝马迹**] zhū sī mǎ jì
거미줄과 말 발자국. 단서(端緒), 실마리.

[**猪八戒掉在泔水桶里**] zhū bā jiè diào zài gān shuǐ tǒng lǐ
저팔계가 개수통에 빠지다. 먹을 것도 있고 마실 것도 있다. 금
방석에 굴러 떨어지다.

[**猪八戒耍耙子**] zhū bā jiè shuǎ pá zi
저팔계가 쇠스랑을 휘두르다. 사람은 저마다 자기에 맞는 도구
나 방법을 쓴다.

[**猪八戒玩老雕**] zhū bā jiè wán lǎo diāo
저팔계가 독수리를 가지고 놀다. 저마다 무엇인가 좋아하는 것
이 있다. 오이를 거꾸로 먹어도 제멋이다.

[**猪不吃, 狗不啃**] zhū bù chī, gǒu bù kěn
돼지도 안 먹고 개도 안 물다. 개돼지도 거들떠보지 않다.

[**猪朋狗友**] zhū péng gǒu yǒu
개돼지 같은 친구들. 변변찮은 친구들.

[**竹篮打水**] zhú lán dǎ shuǐ
대바구니로 물을 푸다. 헛된 노력을 하다.(뒤에 (落了)一场空이
이어지기도 함.)

[**竹马之交**] zhú mǎ zhī jiāo
죽마지우.(总角之交)

[**拄笏看山**] zhǔ hù kàn shān
홀을 잡고 먼 산을 바라보다. 관직이 높고 청렴하다.

[**属垣有耳**] zhǔ yuán yǒu ěr
벽에 귀가 붙어 있다. 엿듣는 사람이 있다.

[抓了芝麻, 丢掉西瓜] zhuā le zhī mā, diū diào xī gua
참깨를 붙잡고 수박을 놓치다. 작은 일에 구애되어 큰일을 놓치다. 작은 것을 구하다 큰 것을 잃다.

[转悲为喜] zhuǎn bēi wéi xǐ
슬픔을 기쁨으로 바꾸다.

[转祸为福] zhuǎn huò wéi fú
전화위복.

[转忧为喜] zhuǎn yōu wéi xǐ
근심이 바뀌어 기쁨이 되다.

[装葱卖蒜] zhuāng cōng mài suàn
내숭떨다. 시치미 떼다.

[装疯卖傻] zhuāng fēng mài shǎ
일부러 미친 척하다.(装憨卖傻)

[装聋卖傻] zhuāng lóng mài shǎ
귀가 먹은 척하며 멍청하게 굴다.(装痴作聋)

[装腔作势] zhuāng qiāng zuò shì
젠체하다. 거드름 피우다.

[壮志淩云] zhuàng zhì líng yún
포부가 원대하다. 하늘을 찌를 듯한 큰 뜻.(装志淩霄)

[锥处囊中] zhuī chǔ náng zhōng
추처낭중. 재능 있는 사람은 두각이 드러나게 마련이다.

[锥刀之末] zhuī dāo zhī mò
추도지말. 송곳 끝. 사소한 이익.(锥刀之利)

[捉黄脚鸡] zhuō huáng jiǎo jī

182

미인계.

[捉贼捉赃] zhuō zéi zhuō zāng

도둑을 잡으려면 장물을 잡아야 한다.(捉贼要赃)

[浊富不如清贫] zhuó fù bù rú qīng pín

더럽게 벌어서 부자로 사는 것이 청빈하게 사는 것보다 못하다.

[着手成春] zhuó shǒu chéng chūn

손만 대면 환자가 살아난다.(着手回春)

[濯缨濯足] zhuó yīng zhuó zú

갓끈을 씻고 발을 씻다. ① 세속을 초월하여 살아감. ② 존경 받는 것도 경멸당하는 것도 모두 그 사람의 태도에 달려 있다.

[缁朱较量] zī zhū jiào liàng

흑백을 가리다. 시비를 분명히 하다.

[锱铢必较] zī zhū bì jiào

매우 적은 돈이나 대단히 하찮은 일까지도 꼼꼼하게 따지다.

[子不嫌母丑] zǐ bù xián mǔ chǒu

자식은 어머니의 못생긴 얼굴을 탓하지 않는다. 생물은 모두 그 근본에 보답하는 천진한 양심이 있다.

[自吹自擂] zì chuī zì léi

자기 혼자 나팔 불고 북치다.

[自高自大] zì gāo zì dà

스스로 잘난 체하다. 자부하다.

[自坏长城] zì huài cháng chéng

스스로 유능한 부하를 파면시키다. 스스로 손해를 보다.

[自己的孙子, 人家的太太] zì jǐ de sūn zi, rén jiā de tài tai

아들은 제 아들이 고와 보이고, 색시는 남의 색시가 고와 보인
다.

[自家有病自家医] zì jiā yǒu bìng zì jiā yī
제병은 제가 고쳐야 한다. 제 곤란은 제가 해결해야 한다.

[自力更生] zì lì gēng shēng
자력갱생하다.

[自利利他] zì lì lì tā
스스로 이롭고 남도 이롭게 하다.

[自卖自夸] zì mài zì kuā
자화자찬하다.

[自强不息] zì qiáng bù xī
스스로 노력하여 게을리 하지 않다.

[自食其果] zì shí qí guǒ
자기가 저지른 죄악의 결과를 자기가 받다.

[自屎不(嫌)臭] zì shǐ bù (xián) chòu
제 똥은 구리지 않다. 제 결점은 보이지 않는다.(自粪不(觉)臭)

[自讨苦吃] zì tǎo kǔ chī
스스로 사서 고생하다.(自讨其苦)

[自投罗网] zì tóu luó wǎng
스스로 덫에 걸려들다. 화를 자초하다.

[自我安慰] zì wǒ ān wèi
자기위안하다.

[自作自受] zì zuò zì shòu
자업자득. 제가 놓은 덫에 걸리다.

[走了和尚, 走不了庙] zǒu le hé shang, zǒu bù liǎo miào
중은 도망하더라도 절은 도망할 수 없다.(跑了和尚跑不了庙)

[走马看花] zǒu mǎ kàn huā
말 타고 꽃구경하다. 대충대충 보고 지나가다.(走马观花) (跑马观花)

[走肉行尸] zǒu ròu xíng shī
정신이 나간 사람. 산송장.

[走一步看一步] zǒu yī bù kàn yī bù
① 그때그때 생각하다. ② 일을 단번에 추진하지 않고 사정을 보아가면서 하다. 착실하게 일을 진행시키다.

[走一处熏一处] zǒu yī chù xūn yī chù
가는 곳마다 냄새를 풍기다(피우다). 미움을 받다.

[足智多谋] zú zhì duō móu
지혜가 풍부하고 계략이 많다.

[嘴不瞒心] zuǐ bù mán xīn
하는 말과 속마음이 다르지 않다.

[嘴不值钱] zuǐ bù zhí qián
쓸데없는 말을 많이 하다.

[嘴大舌长] zuǐ dà shé cháng
수다를 떨다. 장황하게 말을 많이 하다.

[嘴刁心辣] zuǐ diāo xīn là
수다스럽고 표독하다.

[嘴对着心] zuǐ duì zhe xīn
말과 마음이 맞다. 거짓말을 하지 않다.

[嘴上无毛, 办事不牢] zuǐ shàng wú máo, bàn shì bù láo
　수염이 없으면 (나이가 어리면) 일하는 것이 미덥지 않다.

[嘴行千里, 屁股在家里] zuǐ xíng qiān lǐ, pì gǔ zài jiā lǐ
　말만 요란하게 하고 실행을 전혀 하지 않다.

[醉打马糊] zuì dǎ mǎ hu
　고주망태가 되도록 취하다.

[醉倒马勺] zuì dǎo mǎ sháo
　술에 취해 고주망태가 되다.

[醉酒饱德] zuì jiǔ bǎo dé
　술도 많이 마시고 은덕도 많이 입었습니다.(신세를 많이 졌습
　니다. 시경의 "既醉以酒, 既饱以德"에서 온 말로 연회 후에 초
　대받은 사람이 주인에게 하는 인사말.)

[醉貌咕咚] zuì mào gū dōng
　곤드레만드레 취하다.(醉魔咕咚)

[醉生梦死] zuì shēng mèng sǐ
　취생몽사. 아무 의미 없이 이룬 일도 없이 한평생을 흐리멍텅
　하게 보내다.(醉死梦生)

[醉翁之意不在酒] zuì wēng zhī yì bù zài jiǔ
　취옹의 뜻은 술에 있는 것이 아니다. 본심(본뜻)은 딴 데 있다.

[坐红椅子] zuò hóng yǐ zi
　시험(과거)에 꼴찌로 급제하다.(坐红板凳) (과거에 壮元, 榜眼,
　探花의 及第 순이 있음)

[坐怀不乱] zuò huái bù luàn
　이성이 품에 안겨도 마음이 흐트러지지 않다. 남자의 생활태도

가 지극히 단정하다.

[坐井观天] zuò jǐng guān tiān

우물에 앉아 하늘을 보다. 견문(见识)이 매우 좁다. 우물 안 개구리.

[坐领厚资] zuò lǐng hòu zī

앉아서 하는 일없이 후한 녹봉(임금)을 받다.

[坐卧不安] zuò wò bù ān

앉으나 누우나 편하지 않다.(坐卧不宁)

[做好做歹] zuò hǎo zuò dǎi

좋은 사람인 척하기도 하고 나쁜 사람인 척하기도 하다. 좋게 대하기도 하고 나쁘게 대하기도 하다. 달래기도 하고 으르기도 하다.(做好做恶)

[做一天和尚, 撞一天钟] zuò yī tiān hé shang, zhuàng yī tiān zhōng

하루 중이 되면 하루 종을 치다. 그날그날 지내는 식의 소극적인 태도로 일을 처리하다.

附 录

干 支 表

天干	发音	地支	发音	动物
甲	jiǎ	子	zǐ	鼠
乙	yǐ	丑	chǒu	牛
丙	bīng	寅	yín	虎
丁	dīng	卯	mǎo	兔
戊	wù	辰	chén	龙
己	jǐ	巳	sì	蛇
庚	gēng	午	wǔ	马
辛	xīn	未	wèi	羊
壬	rén	申	shēn	猴
癸	guǐ	酉	yǒu	鸡
		戌	xū	狗
		亥	hài	猪

二十四节气

季节	节气名	发 音	季节	节气名	发音
	立春	lì chūn		立秋	lì qiū
	雨水	yǔ shuǐ		处暑	chǔ shǔ
春	惊蛰	jīng zhé	秋	白露	bái lù
	春分	chūn fēn		秋分	qiū fēn
	清明	qīng míng		寒露	hán lù
	谷雨	gǔ yǔ		霜降	shuāng jiàng
	立夏	lì xià		立冬	lì dōng
	小满	xiǎo mǎn		小雪	xiǎo xuě
夏	芒种	máng zhǒng	冬	大雪	dà xuě
	夏至	xià zhì		冬至	dōng zhì
	小暑	xiǎo shǔ		小寒	xiǎo hán
	大暑	dà shǔ		大寒	dà hán

省，自治区，直辖市，特别行政区　略称表

名称	简称别称	所在地
黑龙江省	黑	哈尔滨
吉林省	吉	长春
辽宁省	辽	沈阳
河北省	冀	石家庄
山西省	晋	太原
河南省	豫	郑州
甘肃省	甘，陇	兰州
青海省	青	西宁
陕西省	陕，秦	西安
湖北省	鄂	武汉
湖南省	湘	长沙
安徽省	皖	合肥
江苏省	苏	南京
山东省	鲁	济南
浙江省	浙	杭州
福建省	闽	福州
江西省	赣	南昌
四川省	川，蜀	成都
贵州省	贵，黔	贵阳
云南省	云，滇	昆明
广东省	粤	广州
海南省	琼	海口
台湾省	台	台北

内蒙古自治区	内蒙古	呼和浩特
宁夏回族自治区	宁	银川
新疆维吾尔自治区	新	乌鲁木齐
西藏自治区	藏	拉萨
广西壮族自治区	桂	南宁
北京市	京	北京
上海市	沪	上海
天津市	津	天津
重庆市	渝	重庆
香港(特别行政区)	港	香港(Hong Kong)
澳门(特别行政区)	澳	澳门(Macao)

月의 別称 (阴历)

一月　正月, 元月, 首春, 孟阳, 首月, 端月, 初月, 孟春, 寅月,
　　　初春, 青阳, 正阳, 月正, 肇岁.

二月　卯月, 花月, 仲春, 仲阳, 华景, 杏月, 如月, 丽月, 大壮月,
　　　酣春, 阳中, 华朝, 惠风, 夹钟月

三月　辰月, 季春, 暮春, 嘉月, 晚春, 喜月, 桃月, 竹秋, 殿春,
　　　载阳, 姑先月.

四月　巳月, 余月, 乾月, 初夏, 首夏, 始夏, 维夏, 新夏, 立夏,
　　　麦秋, 乏月, 仲吕月, 孟夏, 蚕月

五月　午月, 榴月, 蒲月, 仲夏, 皋月, 妒月, 蜩月, 长至, 暑月,
　　　梅夏, 鹑月, 鸣蜩, 雨月.

六月　暮夏, 荷月, 夏月, 盛夏, 季夏, 旦月, 未月, 流月, 精阳,
　　　萤月, 林钟月, 朝月, 伏月, 常夏, 晚夏, 灾阳.

七月　申月, 首秋, 初秋, 相月, 巧月, 孟秋, 梧月, 桐月, 冷月,
　　　流火, 瓜月, 蝉月, 枣月, 槐秋, 上秋, 凉月, 初秋, 新秋,
　　　夷则月.

八月　酉月, 桂月, 仲秋, 桂秋, 壮月, 叶月, 秋凉, 竹小春, 清秋,
　　　南吕月, 佳月, 雁月, 素月, 寒旦.

九月　戌月, 暮秋, 菊月, 季秋, 玄月, 九秋, 高秋, 晚秋, 残秋,
　　　霜辰, 咏月, 剥月, 授衣, 无射月.

十月　亥月, 阳月, 上冬, 初冬, 良月, 梅月, 孟冬, 小春, 小阳春,
　　　坤月, 应钟月.

十一月　子月, 至月, 假月, 南至, 阳复, 仲冬, 复月, 畅月, 冬月,
　　　冬至月, 朔月, 霜月, 黄钟月.

十二月　丑月, 除月, 涂月, 暮冬, 严冬, 腊月(腊月), 季冬, 海初
　　　月, 嘉平, 大吕月, 穷冬, 晚冬, 暮岁, 暮节.

季节의 别称

春　青阳, 苍天, 青帝, 青皇, 东帝, 东君.
夏　朱明, 昊天, 槐序, 炎序, 炎节, 蕃季.
秋　白藏, 旻天, 收戍, 金商, 素商, 高商 精陽.
冬　上天, 玄英, 严节, 元冬, 玄冥, 闭藏.

阳

찾아보기

195

C

D

F

J

K

M

N

O

P

Q

R

S

T

編著者　林承文

中央大學校 藥學大學 卒業
中國語同好會 會長 歷任
中華函授學校 修了
浙江大學 國際文化交流學院 修了
著書 漢詩集 <百草園 鳥棲山>

林東桑

韓國外國語大學校 中文科 卒業
臺灣師範大學 國語中心 修了
現 中國 北京 居住

中韩 格言谚语 辞典

편저자 | 林承文・林東桑
펴낸이 | 李鍾憲
만든이 | 崔允瑞
펴낸곳 | 佳山出版社
주　소 | 서울시 서대문구 경기대로 76
주　소 | TEL (02) 3272-5530~1
주　소 | FAX (02) 3272-5532
등　록 | 1995년 12월 7일(제10-1238호)
E-mail | tree620@nate.com

ISBN 978-89-6707-005-2　91720

2014年 10月 3日 初版 發行